自驱型团队

秦益——著

天津出版传媒集团
天津科学技术出版社

图书在版编目（CIP）数据

自驱型团队 / 秦益著. -- 天津 : 天津科学技术出版社, 2021.4

ISBN 978-7-5576-9002-1

Ⅰ. ①自… Ⅱ. ①秦… Ⅲ. ①企业管理-组织管理学 Ⅳ. ①F272.9

中国版本图书馆CIP数据核字(2021)第065514号

自驱型团队

ZIQUXING TUANDUI

责任编辑：刘　颖

出　　版：天津出版传媒集团
天津科学技术出版社

地　　址：天津市西康路35号

邮　　编：300051

电　　话：（022）23332695

网　　址：www.tjkjcbs.com.cn

发　　行：新华书店经销

印　　刷：唐山市铭诚印刷有限公司

开本 880×1230　1/32　印张 6　字数 120 000

2021年4月第1版第1次印刷

定价：42.00元

前言

Preface

一个优秀的团队，不仅要有远大的志向、高远的理想、完美的战略，还要有精诚合作的精神。团队所有成员各司其职，高效执行，才能达成团队的工作目标。可是，一直以来，执行力低下都是较常见且较难克服的企业管理顽疾之一。

依据过往的经验来看，人们通常从员工的责任心和能力等方面来讨论执行问题。殊不知，执行问题是一个系统工程，会牵扯到很多的人和事，跟团队中的方方面面都有千丝万缕的关系。仅仅呼吁执行者提高责任心和执行能力，是无法从根本上解决执行问题的。

那么，执行的最高境界是什么？答案是自动执行！自组织的活力要高于他组织。自管理的效率要高于他管理。因此，建设自驱型团队，让团队成员自行管理、自动执行，是现代化团队应该追求的目标。

在本书中，你会看到很多企业日常管理工作中常见的执行问题及其解决方法，里面说不定有你经常抱怨却又不知道该如何解决的问题。自驱型团队的建设理论，不仅从宏观层面敦促企业对自己的规章制度、流程进行深化改革，也从微观层面给每个执行者准备了能有效提高办事效率的深度工作法。

希望本书能给致力于提高团队效能的管理者和一心想增强个人工作技能的职场人士带来一定的帮助。

目 录
Contents

第一章 自驱型团队离不开强大的执行力

谁都想顺利完成任务，但肯不肯下功夫提高执行效率，就另当别论了。执行不力是组织团队中常见的问题。造成这种情况的原因有很多，企业文化价值观、领导者的管理风格、执行者的职业素养等因素都会影响执行效果。深度执行是关于高效完成任务的学问，是指通过对上述各因素进行革新来提高完成目标任务的能力。要想切实提高执行力，首先得找出执行不力的原因，然后才能对症下药，革除弊病。

找出执行不力的原因

深度思考

a. 造成执行不力的原因有哪些?

b. 为什么员工难以迅速开展工作或难以专注于完成手头工作?

c. 工作退回重做真的仅仅是因为员工能力不够吗?

不知你最近是否常有挫败感，总觉得自己劳而无功、一事无成？先别忙着灰心丧气。这也许不是因为你缺乏能力，而是因为你执行不力。所谓执行不力，就是你的工作进度条直到截止期限到来时还停留在“尚未完成”阶段，就是你投入的所有时间、精力、财力、物力等成本与最终产出的价值不成正比。

深度执行是关于高效完成任务的学问，是为了解决执行不力问题而提出的概念。要想实现深度执行，首先得弄清楚你为什么会出现执行不力的问题。管理专家经过大量调查后发现，影响执行力的具体原因主要有八个。请对照一下自己的日常工作，看看你究竟符合哪种情况。

1. 未能迅速开展工作

你第一次感到工作进展缓慢，应该是工作刚开始的时候。明明有了方向和设想，上级领导也给了相关的指示，但你并没有迅速开展工作。执行力一开始就输在了起跑线上，后续进度自然也跟着推迟。

当然，造成这种局面的原因有很多，不一定完全是你个人的问题。如果你本身是个做事拖拖拉拉的人，做出这种延误战机的事情也就不奇怪了。如果你是一个雷厉风行的人，没能立即着手工作的原因可能是你无暇分心。比如手头已经积累了很多工作，实在无法脱身开始执行新任务。

2. 无法专注主要工作

任务就像一块石头，你不用力推，它就不会动。注意力不集中的人没把主要力量用在工作上，自然不可能取得令人满意的进展。

现代人的注意力被无孔不入的互联网撕成了碎片。现代人越来越习惯浅阅读和浅思考。由此，现代人在执行任务时经常分心，又不愿意深入钻研问题，导致执行力度和工作质量都停留在较低层次。

此外，造成执行者注意力碎片化的另一个原因是，领导者没有合理安排工作，动辄给人加派临时任务。这使执行者的工作进度经常被新的临时任务打断。他们最初的工作进度必然被拖延。更糟的是，给你加派任务的上级总是忘记你手头已经有了干不完的活，只是一味地催促进度。

3. 工作缺乏计划

一项工作通常包含很多步骤，每个步骤的执行效果都会影响下一步的工作。如果不以工作计划统筹，人们在遇到突发情况时很容易陷入手忙脚乱的困境。如同遭遇交通拥堵，一步走错，步步难行。

然而有些人喜欢自由轻松无压力的做事方式，对工作没有明确的计划，想到哪里就执行到哪里。至于那些没想起来的地方，他们根本不会去做。明明领导者和同事都提醒过，但他们就是不当一回事。这种散漫马虎的工作态度，对团队执行力的杀伤力很大。但此类员工即使犯错受罚，也不会吸取教训，总是一犯再犯。

4. 做事犹豫不决

有些执行者具备很强的能力和积极的态度，但在需要拿主意的时候总是犹豫不决。这种优柔寡断性格的人，做事容易出现效率低下的问题。方案 A 和方案 B 各有优缺点，无论选择哪个都能产生效益。可是有的人一直在纠结，迟迟下不了决心。决策过程拖延了，执行过程自然随之延迟。

优柔寡断者最大的问题是对自己的判断缺乏自信。他们总是觉得情报不够全面，自己肯定疏忽了什么问题。一旦出现反对意见，优柔寡断者就会进入过度思考的状态，过分执着于“不足”。这种做法只会白白地浪费时间，并不会真正提高工作成果的精细度。

5. 大量时间耗在制作报告上

工作报告是组织团队的主要沟通方式。工作报告做不好，组织发展就没依没靠。但很多人本末倒置，用于制作工作报告的时间超过了实际执行任务的时间。

出现这种现象往往不只是员工制作报告的能力不足的问题，还有领导者的问题。

有时候，领导者并不清楚自己究竟需要什么样的报告。当员工提交报告后，他们只会指责员工误解了自己的意图，而不会记得自己确实没有给过明确的指示。

为了避免责罚，员工们不得不花更多的心思揣摩上意，被工作报告牵着鼻子走，其他更重要的工作反而被放到一边。如此一来，双方的执行力都不可能达标。

6. 沟通环节消耗过多精力

沟通对工作至关重要。但所有的执行者都有过卡在沟通环节上的痛苦经历。

◎双方分歧太多，项目迟迟定不下方案。

◎下级没有真正领会上级的意图，未能按照计划完成目标。

◎上级没有及时得到反馈信息，做出了错误的决定。

◎上一环节跟下一环节在沟通时存在误会，导致大家不得不返工。

几乎所有的工作进度都会因为沟通问题而受到阻碍。原定的工作计划可能要重新做，已经完成的工作可能会推倒重来，万事俱备但协作部门的批文就是下不来，遇到问题时各个部门都在扯皮。这些琐事大大消耗了人们的宝贵精力，使得人们无力保持高效执行工作任务的状态。

7. 被低效会议打断

文山会海是执行效率降低的一个重要原因。比起前面提到的“文山”，“会海”对执行者的士气打击更大。在高效组织中，开会的唯一目的就是解决问题。但更多时候，企业开的是让每个参与者都感到时间被白白浪费的低效会议。

低效会议不仅内容枯燥，往往还特别冗长。原计划开一个小时的会，硬生生拖到了两个小时。而且会议上往往是领导者单方面的讲话，开会目的不明确，开会流程不明确，内容多是无边无际的空洞发言。

执行者既不能擅自离开会场，又没有发言的机会，也不相信这种会议能解决实际问题。他们能用于专注工作的时间被低效会议所占据，肯定会发自内心地抵触这种费时费力的低效会议。

8. 频繁返工

能力不够强的执行者很难一次把工作做好，常常会被上级要求重做。返工次数越多，工作效率越低。这种现象往往出现在新员工身上。老员工在尝试新业务时，同样处于摸索状态，返工率也会上升。

不过，我们还要注意另一种可能性。执行者本身没什么问题，问题出在领导者自己想法多变上。他们每有一个新想法，就会要求员工按照命令重新修改。但过一阵子可能会觉得新想法不好，又让员工改回来。有时候，经过反复折腾的方案，很可能跟员工最初提交的方案差别不大。

这时领导者往往认为频繁返工是因为员工执行不力，而不承认是自己的失误。如果不能做到实事求是，我们就无法找出真正的症结，不可能从根本上解决执行不力的问题。

执行经验充电站

穷忙的本质

当你看到一名员工经常加班加点工作时，你的第一反应是什么？这个人很努力，还是这个人没能力？两种可能都有，但执行效果骗不了人。每个人都觉得自己平时很忙，事情多得做不完。但同时又认为自己做的事缺乏意义，又改变不了现状，只是在穷忙。穷忙的人觉得自己是勤快的执行者，但那只是战术层面的勤快。他们在战略上是不肯动脑的懒人，无法进化出深度执行力。

确认你的团队管理情境

深度思考

a. **团队管理情境是什么？**

b. **常见的团队管理情境有哪些？**

c. **领导者在不同的团队管理情境中应该怎样做？**

领导者管理的不是输入指令就能自动执行的机器人，而是有血有肉、有情绪、有杂念的大活人。企业里的团队是一个个自成一体的小型生态系统，里面的人情世故复杂多样，构成了具体的团队管理情境。

如果不能妥善处理团队管理情境中的矛盾，那别说深度执行了，连基本的按部就班的执行都未必能做好。领导者面临的团队管理情境往往不尽相同。单一的管理手段可能适合 A 团队，但在 B 团队却很容易激化内部矛盾。

遗憾的是，不少领导者对此缺乏足够的认识，以为可以靠强制命令解决执行问题，结果只能激起员工的强烈反弹。我们在此列出了四种常见的团队管理情境以及相关的工作要点。

1. 你是空降干部

公司把你委派到一个陌生的团队当空降干部。这个团队可能是老牌劲旅，也可能是新成立的。你对团队中的人缺乏了解，不知道他们的具体情况。遇到这种管理情境，你的第一要务是尽快熟悉团队的现状。

◎团队内部的人际关系如何？是否存在非正式组织（少数人自发组成的小圈子）？

◎团队的生产能力如何？有无提高生产效率的潜力？

◎团队中有多少模范型员工、两头冒尖型员工、依赖领导型员工和懒惰型员工？

◎每名员工的性格、能力、志愿各有什么特点？

◎谁能为你提供有价值的信息？

◎谁能成为你的得力干将？

通过对团队成员情况的摸底，判断出这个团队的发展潜力，以及你下一步的工作重心。既然公司认为你是一位成熟的领导者，你就应该相信自己能用工作能力和个人魅力折服众人。

2. 你成了同事们的上级

你原来跟大家平起平坐，现在变成了昔日同伴们的上司。这种人际关系的剧烈变化让不少新晋领导者感到不适应。你对这个团队了若指掌，但其他人也对你知根知底。他们是否会听从你的指挥，需要时间来检验。

你要尽快完成角色转换，让他们适应这种新关系。作为新晋领导者，你既要树立威信，又要团结原先的平级同事。这个尺度不好把握。你不能以权势压人，也不要害怕他们对你的嫉妒。该坚持原则时不能软弱，该平易近人时不可生硬。只要公私分明、赏罚有信，他们会逐渐认同你的新角色。

3. 你处于重组的团队

企业常常会对现有的部门进行拆分或合并，改变原有的人事格局。团队重组会打破原先的人际关系和利益关系，员工们容易因此感到不安。来自不同部门的员工刚开始合作时肯定缺乏默契，不可能出太多成果。如果你恰好成为重组后的团队领导者，就必须明白这个事实。

你应该留心员工们在新岗位上的表现。如果有的人过去很出色，而现在却显得很笨拙，那就可能出现了水土不服问题；如果有的人跟其他部门调来的新同伴关系不佳，经常斗气，那可能会导致团队内部的气氛很僵。

身为领导者，你应该有更宽广的胸怀和更广阔的视野。不能只跟自己熟悉的老员工亲近，对陌生员工也要重视起来。树立共同目标，合理分配具体任务，积极协商内部规则，促进沟通交流。这样才能让重组后的团队最终完成深度整合。

4. 你的团队需要裁员

这是个严峻的管理情境，这时候的团队积弊甚深，被公司高层视为负资产，不进行残酷的裁员就无法解决问题。这对于有些讲人情味的领导者来说是一件痛苦的事情。然而，当断不断，必受其乱。

既然精简团队势在必行，你就应该避免感情用事。总结每个人以往的表现和未来的发展潜力，理智地判断哪些员工是必须留下的骨干，哪些员工应该调到其他岗位，哪些员工必须解雇。

如果你的团队在裁员后阵容不整，可以从公司其他团队调来更优秀的老员工，或者通过社会招聘的方式吸收更有潜力的新员工，进一步优化你的团队结构。改造团队的行动到此告一段落，接下来要做的是让新成员尽快跟老队友们完成磨合。

执行经验充电站

深度执行需要激情

策划阶段的头脑风暴是自由灵动且充满趣味的，而执行阶段却具有枯燥、单调、艰苦的滋味。人们很容易在执行过程中感到疲倦、失去激情、降低工作效率。要想保持深度执行力，领导者就得设法唤起所有执行者的激情。

管理风格对执行力的影响

深度思考

a. 领导者为什么大多偏爱制定战略而轻视执行落实？

b. 领导者的管理风格可以大致分为哪些基本类型？

c. 这些管理风格对团队执行力会产生什么样的影响？

领导者主要负责管理工作，做战略规划多，监督别人执行多，亲自执行一线任务的情况少。于是不少领导者以为执行不力肯定是员工的错，而没有意识到自己本身也是一位战略执行者，更没有考虑过团队执行最大的障碍可能是自己。

1. 不良领导力测试

除了少数善于反思、总结的卓越领导者外，大多数领导者都觉得自己的领导没有问题。很遗憾，这可能是个错觉。当你为自己的“领导艺术”沾沾自喜时，你的员工可能正在饱受“不良领导力”的折磨。不信，你可以看看自己是否存在如下的问题：

◎你更关心公司高管、组织架构和战略目标，而不太关心自己的员工。

◎你害怕失去权威，对日益增加的责任和不确定的未来前景感到担忧。

◎你最近表现出的负能量超出了正常范围。

◎一直表现优异的员工正在离职或准备辞职。

◎员工的满意度普遍不高，工作不太敬业。

◎员工流动性太大，某些业务板块一直无法形成稳定的团队。

◎员工遇到问题时相互推诿和指责，不肯承担责任。

◎只要管理层没有具体指示，员工就不会做任何努力。

◎各个层级的人都喜欢搬弄是非或天天抱怨不已。

◎没人能安心享用午餐，忙得只能边工作边吃。

◎每天工作 10~14 个小时已经变成常态。

◎公司极少提供福利或组织企业文化建设活动。

只要存在其中一种情况，就说明企业领导需要改善自己的工作。如果中招达到 5 个以上，说明不良领导力正在侵蚀整个组织。假如没有一条符合，恭喜你，你所在的组织已经具备了深度执行力。请继续保持！

2. 四类领导者的管理风格

不良领导力的产生与领导者的管理风格有关。领导者千人千面，性格、作风各异，但总体上都能归入四种类型——利用型、玩家型、取悦型、赢家型。

（1）利用型管理风格

价值取向	只关心成果而不关心员工。只要能出成果，什么都能牺牲
关注焦点	以短期成果为中心。即使对长远不利，他们也只会把精力放在眼前看得到的东西上
行为模式	控制欲极强，独断专行，拒绝纳谏，把他人视为可利用的工具
管理结果	虽然能拿出很多成果，但付出的代价很高。员工和领导者都缺乏幸福感

（2）玩家型管理风格

价值取向	对成果和员工都不关心，只在乎自己的地位和权力
关注焦点	自己短期的定位和权力
行为模式	大搞办公室政治，以把员工玩弄于股掌之中为乐
管理结果	团队乌烟瘴气、鱼龙混杂，员工活在恐怖气氛中而无法正常工作

（3）取悦型管理风格

价值取向	只关心员工而不在意成果。一切以维持和谐的人际关系为先
关注焦点	如何赢得员工的喜爱，不被别人讨厌
行为模式	关心员工，替他们排忧解难，即使业绩不佳也要维持人际关系的和睦
管理结果	团队表面上一团和气，但很难拿出好成绩

（4）赢家型管理风格

价值取向	既关心成果，又关心员工。在实现任务目标的同时促进所有人的成长
关注焦点	兼顾团队的长远发展和短期利益
行为模式	高效决策，运筹帷幄，虚怀若谷，建立健康的人际关系，保持工作和生活的平衡
管理结果	团队业绩不断增长，员工能做到自主管理并获得充分成长

3. 管理风格对执行力的影响

不同的管理风格对执行力的影响是不同的。我们可以从公司的业绩要求和员工的感受两方面来评估各种管理风格的影响。

（1）利用型管理风格对执行力的影响

员工不会喜欢利用型管理风格，但公司高层对此种风格往往不会反感。利用型领导者凡事唯结果论，能够不惜一切代价取得成果。这样的团队如同血汗工厂，缺乏人情味，但生产效率极高。员工会相继离职，但只要能找到新的劳动力，团队就能一直保持强大的执行力。

（2）玩家型管理风格对执行力的影响

玩家型领导者如同搅屎棍，会破坏公司的战略目标，让团队上下级间关系紧张，执行力严重下滑。任何希望建功立业的领导者和踏实做事的员工，都会对玩家型管理风格极度排斥。然而，玩家型管理风格的领导者善于钻营，往往能博取公司最高领导人的信任，直到这个充满不健康风气的组织走向灭亡。

（3）取悦型管理风格对执行力的影响

员工一般都喜欢这种讲人情味的领导者。因为在他们手下工作很容易偷懒，也不用害怕被问责和开除。但认真做事的员工会因为他们包庇混日子的人而感到不满，最终选择离开。公司高层通常不喜欢取悦型领导者，因为他们的团队基本上没有战斗力，会增加企业的运营管理成本。

（4）赢家型管理风格对执行力的影响

毫无疑问，赢家型管理风格是理想的管理风格。公司高层和一线员工的满意度最高，团队的凝聚力和执行力都无限接近满分。但赢家型管理风格在大多数企业中不是主流，因为这对领导者的综合素质与个人魅力要求极高。假如组织中缺乏赢家型领导者，决策层就会倾向于使用利用型领导者，以优先保持团队的执行力。

执行经验充电站

管理艺术从不千篇一律

完美无缺的领导者只是一种传说。现实中的领导者必然有自己的强项和弱项，就算你给他们一个伟人模板，也不是人人都能学会的。对于管理艺术而言，适宜的才是最好的。领导者应该根据自己的特点和员工的需要来发扬管理风格，不必过分模仿他人。

领导者应该完成的基本使命

深度思考

a. 领导者沉溺于企业运营管理细节会产生哪些弊端？

b. 为什么有的领导者既不了解企业的实际情况，又不了解员工？

c. 领导者做哪些事才能让企业和员工实现深度执行？

企业的运营管理是由无数大小事务共同构成的。领导者做不完所有的事，必须根据职能分工把工作分配给各个员工，自己主抓组织管理工作。有些事即使领导者可以做好，也不该由他们负责。沉溺于企业运营管理细节的领导者，往往看不清团队管理的大局，疏忽了自己分内的工作。

无论你是哪种管理风格的领导者，都应发挥带头作用，唯有如此，才能在组织中服众。如果你的团队执行力不强，那不妨先检查一下自己是否认真履行了以下七项基本使命。

使命一：了解企业和员工

全面深入地了解自己的企业和员工，是一切管理工作的起点。

领导者如果不知道企业的发展现状，不清楚团队成员每天在干什么，就只能胡乱发号施令，根本无法做出有效的管理行为。

组织规模越大，领导者掌握信息就越困难，一般只能从部下的工作汇报中了解情况。这就可能造成对很多人和事的认知偏差。领导者要时常下一线、走基层，亲自了解企业和员工的情况，不要只是坐在办公室里，否则可能会导致偏听偏信。

使命二：设定目标

设定目标是领导者的重要职能。员工在目标不明确时不可能产生执行力。我们在设定目标时要考虑以下细节。

注意事项	重要程度	是否完成
目标应当清晰而具体	★★★	
对各个种目标进行优先排序，明确最重要的事	★★★★	
目标应当可以分解，否则根本无法执行	★★★★	
兼顾定量目标和定性目标	★★★	
合理授权，让执行任务的员工有足够的力量完成目标	★★★★	
考核目标完成结果和管控工作过程并重	★★★★★	

杰出的领导者不仅善于设置科学合理的目标，还能以愿景目标鼓舞员工长期奋斗。只有明确了努力方向，员工才能发挥出深度执行力。

使命三：充当员工的表率

那些把问题丢给员工又抢部下功劳的人无法服众，团队内部会产生尖锐的对抗情绪，阻碍目标计划的顺利执行。充当员工表率的领导者能真正与部下共同奋斗，能感召团队成员齐心协力地去克服困难，成就彼此的功绩。

身先士卒是优秀领导者的重要品质。他们敢于承担最大的压力，面对困难不退缩，坚决执行目标计划，为众人做出表率。当员工需要支援时，他们挺身而出、排忧解难；当员工灰心丧气时，他们能激励员工，帮助员工走出困境。要做到这种境界不容易，但领导者义不容辞。

使命四：努力做出正确的决策

领导者不必在具体的业务能力上超过所有人。因为他们的职责不是执行具体的业务，而是根据团队的执行情况做出一个个决定。错误的决策会让大家付出不必要的惨痛代价，离成功越来越远。做出正确的决策不是一件容易的事，需要敏锐的判断力与坚韧的抗压能力。

很多时候，我们缺乏足够的信息，可供讨论的时间也颇为紧张。领导者不得不经常根据有限的信息做出决定，这就要承担决策失误的风险。前面等待的也许是成功，也许是失败，但领导者一天不做出决策，大家就一天不知道该何去何从。

使命五：加强信息沟通

领导者掌握的信息比其他员工更完整，是承上启下的信息传播节点。他们要把组织的战略意图解释清楚，让大家知道公司想做什么、怎么做。同时还要搜集下级的意见，及时向上级汇报，让高层随时掌握基层的情况。

此外，团队内部的沟通交流，也需要领导者居中协调。让每个人畅所欲言，同时注意化解沟通过程中引发的冲突。如果你希望大家做什么事，就开诚布公地与他们进行沟通，通过协商来达成共识。

使命六：监督和奖惩

为了确保目标能顺利完成，监督执行过程也是领导者的基本使命之一。持续跟进项目，监督每个执行者努力做事、不出差错，以此推动工作进展。如果有人态度消极、弄虚作假、麻痹大意，那领导者就应该及时问责和处罚。如果有人表现突出，超额完成任务，那领导者就应该及时表扬，并给予其足够多的奖励。这样能给员工树立一个正面激励的榜样。只要领导者抓好监督和奖惩工作，深度执行就能得到充分的保障。

使命七：指导员工成长

组织的发展离不开人才梯队建设，这需要各级领导者共同努力。每一位领导者都有义务、有责任帮助员工成长，为他们提供一个良好的工作环境，向他们传授各种职业技能。随着员工的不断成长，领导者将获得更多提升团队业绩的本钱。

执行经验充电站

领导者应该跟员工成为好朋友吗?

过去的领导者更多是靠权力强制要求员工执行。随着员工自主意识的日益增强，这种管理方式越来越难以发挥作用。有些领导者认为应该放下架子，像好朋友一样跟员工打成一片。他们努力把团队建设成一个大家庭，把每个成员视为家人。这虽有利于提高团队的凝聚力，但同时也会导致领导者难以果断处理某个不能胜任职位的员工。如果领导者只是一味地想做员工的好朋友，那团队成员迟早会产生不公平感，并为了表面的和谐而不愿再说实话。

团队执行者必备的基本职业素养

深度思考

a. 执行者仅仅是指做具体事务的一线员工吗?

b. 执行者必备的基本职业素养有哪些?

c. 在这些基本职业素养中，哪些对执行力的影响更为关键?

健全的制度、充足的资源、高素质的人才是实现深度执行的三个基本条件。其中最重要的因素是人才因素。假如执行者的职业素养不过关，再完美的战略也无法落地，再超前的意识也只是纸上谈兵。

广义的执行者既包括做具体事务的一线员工，也包括各级部门团队的领导者。企业对不同岗位、职务的执行者有不一样的能力要求。但无论你做的是什么工作，都应该具备以下八种基本职业素养。

1. 追求高效

保持高效率是深度执行的首要特征。所谓效率就是立即行动，不拖泥带水，以较短的时间和较少的消耗做出高质量的成果。在很多人眼中，“效率低下”和“执行力低下”几乎是同义词。但通常而言，效率低下才是社会普遍现象。

能做到 100% 执行的人少之又少。因为大多数人的时间观念淡薄，责任心不太强，经常出现拖延现象。即使有能力、有条件，也不会按时、按质、按量完成工作。高素质的执行者首先在工作效率方面明显超出周围的人。100% 的执行只是他们的基本要求，超额完成任务才是他们的常态。

2. 团队协作

优秀执行者具有很强的个人能力，可以独立完成很多工作。但他们并不会因此产生孤芳自赏的骄傲心理而不屑于与其他人合作。因为现代企业的运营管理需要多单位、多部门、多团队之间的合作，工作环节多、流程复杂。那种完全凭个人能力打天下的孤狼式英雄难有用武之地。

一个人完不成所有的事。即使是全能型人才，也必须借助团队的力量来完成更多工作。优秀执行者的团队协作意识往往很强，不会只顾着自己表现，能从团队全局考虑问题。这种良好的工作习惯能帮助他们逐渐成长为领导者。

3. 精益求精

有些员工勤勤恳恳工作多年，做事从不偷懒，经常加班加点工作。单看劳动成果的数量，你也许会以为他们是优秀的执行者。可仔细观察其工作质量就会发现，他们只是尽了力，并没真正用心。他们劳动成果的质量还不如一些超期完成任务但精益求精的人的劳动成果质量。

深度执行理论以质量为本，舍弃了片面追求增加产出数量的旧思路。执行者若不能以精益求精的态度工作，只能获得“量”的积累，而无从实现“质”的突破。把质量视为生命是优秀执行者应有的基本职业素养。

4. 百折不挠

执行的过程总是充满了曲折、变数，甚至会遭遇失败。无数人在困难面前半途而废，提前退出了竞争的舞台，失去了成为胜利者的资格。这样的人不是合格的团队执行者，领导者应当尽早将其调离团队，以免让其他奋斗者的努力白费。

在一支战无不胜、攻无不克的精英团队中，每一位执行者都是百折不挠的硬骨头。一旦捕捉到发展机遇就锲而不舍，遇到困难就坚决攻克它。当竞争对手望而生畏时，坚韧不拔的团队执行者会顶住巨大的压力和质疑，坚持到最后的成功。

5. 严格自律

再聪明的人也可能一时失察，再成功的人也可能马失前蹄。老话说得好，慎终如始，则无败事。团队执行者应该严格自律，不折不扣地遵守规章制度与职业道德。不可利令智昏、违法乱纪，不可骄傲轻敌、麻痹大意，不可居功自傲、目空一切，不可心存侥幸、玩忽职守，不可蝇营狗苟、损公肥私。

不能做到严格自律的人，很容易躺在功劳簿上睡大觉，被飞速发展的世界甩在身后。每一位执行者都应该经常反省自己有没有不足之处。勿以善小而不为，勿以恶小而为之，永远要保持不进则退的忧患意识继续前进。严格自律说白了就是尊重工作，尊重工作的人才能得到大家尊重。

6. 认真负责

责任意识不仅仅是对手头的工作负责，还包括对他人负责、对团队负责、对社会负责。优秀的执行者有强烈的责任感，能担负起重大使命，能以认真负责的态度赢得大家的信赖和支持。世界因他们的存在而变得越来越好。

论执行力，认真负责的人能以一当十、以十当百。没有哪个领导者不喜欢这种劳动模范。

缺乏责任心的人工作粗枝大叶，遇到问题只会推卸责任，注定成不了优秀的执行者。缺乏责任意识的团队弄虚作假，欺上瞒下，注定无法实现企业的战略目标。有的员工也许能力存在不足，还远远谈不上成熟，但只要坚持认真负责的工作态度，迟早能成长为一名合格的执行者。

7. 忠于组织

对于团队领导者来说，员工的忠诚度和能力同样重要。因为忠诚度和归属感决定了一个人愿意为组织贡献多少力量。再优秀的人才，只要对团队缺乏归属感就很难保持执行力，也不会为团队付出太多心血。如果其他公司来挖墙脚，那他们很可能会丢下没做完的工作离开，让别人收拾烂摊子。

优秀的执行者必然是那些既有过人能力，又对团队充满热爱的人。他们爱岗敬业，忠于组织，会真正替团队的未来殚精竭虑。如果团队中有这样一位模范型员工，那所有人都会在他的感染下变得更加精诚团结、兢兢业业。

8. 与时俱进

有些执行者曾经做出了非凡的业绩，可惜后来被成功经验束缚了头脑，遮蔽了视野。他们看不起新兴事物，嘲讽后起之秀，一味沉醉于昔日荣光，越来越墨守成规。这些固执己见的人已经失去了自我革新能力。抱残守缺给他们带来了失败的苦果。如果不肯痛定思痛，东山再起就会遥遥无期。

按照深度执行的要求，故步自封是一种原罪。今天的市场不同于昨天的市场，到了明天说不定世界又有新的变化。唯有保持与时俱进的开放心态，锤炼灵活应变的工作能力，团队执行者才能在激烈的市场竞争中站稳脚跟，为公司争取有利地位。

执行经验充电站

不能只看表面勤奋

有些员工非常勤奋，经常加班加点工作，完成的任务量位居团队第一，但工作质量平平，对团队的实际贡献不大。这种片面追求超额完成任务而不思精益求精的做法，只是表面上勤奋。产出成果虽多，但合格率较低，消耗资源更多。如果领导者给这样的员工打高分，那么团队就会形成一种重质不重量的工作作风。表面上执行力强，但实际上效率不高，而且产出成果缺乏竞争力。深度执行不仅要保量，还要保质。领导者应把考核重心放在员工创造的实际价值上，善待那些能给团队带来更多效益的慢工出细活型执行者。

第二章 组织团队增效计划的起点是知人善任

企业发展受很多因素影响，但人的因素是关键中的关键。找对人，用对人，成功才会来敲门。遗憾的是，不少领导者由于偏见、器量、眼光和误会等原因错失了优秀的人才，甚至误用才德不能胜任其职位的员工。按照这种方式组建出来的团队，既无强劲的业务能力，又缺乏团结一致的向心力，执行效率没有提升的可能。唯有公司领导层知人善任，才能真正解决用人问题，让人的因素发挥到极致，达到深度执行的境界。

领导者是怎样错失人才的

深度思考

a. 为什么有些领导者没意识到自己任命的人可能无法胜任相关岗位?

b. 很多领导者只提拔自己喜欢的下属，但这样真的能提高执行力吗?

c. 领导者应该花多少时间和精力来处理用人问题?

任何伟大的事业，都是靠无数人的辛勤劳动实现的。没有优秀的执行者，团队就没有深度执行力，再完善的目标规划也寸步难行。人才队伍建设决定了企业的生死存亡，按理说应该作为管理的重中之重。偏偏有些领导者对此认识不足，导致企业在用人方面明显落后于竞争对手。

领导者无不希望自己成为伯乐，但很多人总是莫名其妙地与千里马失之交臂，错把驽马当骐骥。如果我们沉下心来认真排查人才引进、人才使用、人才激励和人才培养四个环节的工作实情，就能找出症结所在。

1. 人才引进环节的误区

（1）轻视人才引进

不重视人才引进，觉得现有人员足以应付一切。抱有这种观念的领导者往往采取的是粗放的增长模式，把劳动力单纯当成消耗品，舍不得高薪聘请能创造更多价值的专业人才。无法补充新鲜血液，团队素质自然无从提高。

（2）人才来源单一

有些领导者仅仅从单一的渠道寻找人才，不愿意花太多精力从全渠道搜罗精英。这种做法无疑会让企业错过不少通过其他渠道求职的可塑之才。说到底，领导者还是对人才价值缺乏正确的认识，不肯为团队建设付出太多努力。

（3）不善于鉴别人才

有些领导者求贤若渴，但不善于鉴别人才的真实水平。他们常常被性格开朗但虚有其表的人迷花了眼，而对踏实低调的实干型人才评价较低。这样做既不能提高公司效益，又增加了财政支出，得不偿失。

（4）待遇条件太低

工作岗位要求多，但待遇缺乏竞争力，是招聘困难的一个重要原因。有的企业是本身实力弱，拿不出吸引人才的条件；但有的企业本身具备足够的实力，只是不愿给好待遇。这种态度只能招到能力平庸的人。

（5）人才引进机制不健全

企业对人才引进工作缺乏全盘规划，平时不去积极寻找业内精英，等到某些岗位非常缺人的时候，才想到招聘新员工，为了及时填补用人缺口，不得不降低招聘标准，这也会让企业与人才失之交臂。

2. 人才使用环节的误区

（1）重项目而轻人才

公司高层对项目投入很多，但只是驱使员工干活而不改善其工作环境，也不肯提高员工的待遇。当在项目中起关键作用的核心人才离职时，领导者不思挽留，觉得随便换一个人都能用，结果导致执行团队人员不齐、素质下降。

（2）用人只看学历或职称

从概率上讲，高学历或高职称群体通常更容易出优秀人才，但显然不是每一位高学历或高职称人员都能成为优秀人才。许多学历普通、职称不高的人通过不断努力，也会成长为业内精英。如果公司只看学历或职称就会错失这类人才。此外，有些企业在招聘到高学历人才后，却将其安置在不太重要的岗位上。这无疑是对人才资源的严重浪费。

（3）岗位安排不合理

有些公司对人才流动不够重视，导致许多人才没有得到合理的岗位安排，不是圆凿方枘，就是大材小用。员工在目前的岗位上难以施展本领，又无法换到合适的岗位上。离职率上升也就不奇怪了。

（4）没给人才提供成长空间

公司虽然给了人才比较优厚的待遇，但没为其提供成长空间。越是优秀的人才越重视职业规划、团队人际关系、行业发展前景、工作环境、受重视的程度等因素。如果领导者在这些方面无法满足其成长需求，人才自然会离开。

3. 人才激励方面的误区

（1）人才评估机制不合理

领导者缺乏科学的人才价值评估标准，以“平均主义”的思路进行激励，这种做法违背了公平原则，让奋斗者吃亏，让平庸者得利。这容易使那些对企业贡献较大的人才失去原有的工作热情。

（2）激励手段单调

公司没有充分考虑员工在能力、贡献、资历方面的差异，采“一刀切”的激励方式，忽略了不同类型员工的实际需求。这种缺乏针对性的、单调的激励手段，不可能真正起到激励人才的作用。

（3）激励力度不足

公司的激励力度不足，待遇对人才缺乏吸引力。长此以往，不但员工的满意度会下降，而且工作效率和产出成果也会受到影响。无论领导者怎样严格督促，大家都无法提起干劲，执行力随着团队士气的下降而下降。

（4）激励沟通不到位

公司只是单方面向员工下达命令，而不在乎员工的反馈意见。员工不知道自己的表现究竟如何，很容易误以为领导者对自己不满意。当这种消极认识积累到一定程度时，员工就会感到自己不能胜任岗位，选择辞职。

4. 人才培养方面的误区

（1）缺乏培养人才的意识

有些领导者目光短浅，认为花钱培养人才是费力不讨好的事。他们还担心自己培养的人才会跳槽，于是不肯组织员工进行培训。结果，员工的技能难以有效提高，工作能力较弱、效率低下，企业发展也停滞不前。

（2）缺乏人才培养规划

不少领导者缺乏完备的人才培养规划，重使用人才而轻培养人才。他们麾下的员工看不到前途，在工作中会越来越倾向于获取短期利益，而不考虑企业的长远利益。这跟深度执行理念背道而驰。

（3）培训方式粗糙

公司安排的培训课程枯燥乏味，内容跟日常工作脱节，不能充分满足大家的实际需求。员工把这样的培训视为一种负担，不愿为此浪费时间。培训课程变成了走过场。人才培养是一个系统工程，应该结合员工的职业生涯规划来进行。可惜不少领导者对此认识不足，阻碍了人才的成长。

总之，领导者错失人才的原因，基本不会超出上述内容的范围。如果企业想要实现深度执行，领导者就必须认真找出自身存在的问题，学习先进的人才管理观念，为员工的成长扫清障碍，这样才能打造一支出色的高素质团队。

执行经验充电站

社会大众对偏才的成见

从素质结构来看，偏才的能力确实不够平衡。让他们去单打独斗地完成任务，不一定能取得好的结果。因为偏才缺乏足够的能力来克服方方面面的困难，只有任务恰好与其擅长点匹配时，其才干的价值才能充分表现出来。这使得社会大众容易怀疑偏才会成为组织中的问题制造者。不少领导者也抱有同样的看法，从而降低了对偏才的评价，把他们放置在不合适的岗位上。这种做法会导致本来具备某种特长的偏才被误当成庸才。某些员工在跳槽后突然做出令前领导刮目相看的成绩，与此不无关系。

根据公司战略和运营需要安排人手

深度思考

a. 公司战略和团队运营的差异对用人问题会产生哪些影响?

b. 公司领导人应该把什么作为建设人才梯队的重点?

c. 公司有无必要以人才评估小组的方式来评估团队成员的能力、态度和表现?

有一些人才非常优秀，在业内有口皆碑。公司用优厚的待遇将其揽至麾下，希望这些精英能给组织带来可喜的变化。谁知他们在这里水土不服，不能满足组织的发展需要，最终只能抱憾离开。几乎所有的企业都遇到过类似的情况。

世上的人才有千万种，但公司真正需要的是跟发展战略和运营需要相匹配的人才。领导者拥有挑选团队成员的权力，同时也担负起了完善组织人才梯队的责任。领导者要根据公司战略和运营需要来精心安排人手，从以下几个方面狠抓人才梯队建设。

1. 招聘管理科学化

精准用人始于精准选人。科学规范的招聘管理，是精准选人的前提。虽然每个领导者都明白围绕公司的战略和运营需要来选拔人才的重要性，但到执行环节时他们往往会忽略这点。为了避免错失人才，我们在考察应聘者时应该着重了解以下情况。

◎能力类型

◎性格作风

◎以前做出过什么成绩

◎个人发展意愿

◎跟前同事的关系

◎跟前领导的关系

◎工作努力程度

◎做事专注程度

应聘者的能力类型和过去的成绩，能帮助你判断他们是否与公司的岗位需求匹配。请记住！你要挑选的不是行业里的头号种子，而是最适合岗位需求的人才。这能减少新员工跟公司的磨合成本。

而应聘者与前领导的关系能反映出他们偏好什么类型的领导风格。他们跟前同事的关系预示着他们未来在团队中可能扮演的角色。你要审慎观察应聘者的人际关系处理方式，判断他们能否融入你的团队。

2. 完善员工成长计划

招聘管理只是知人善任的起点，制订员工成长计划才是建设人才梯队的关键。遗憾的是，很多领导者对此并不关心，只是一味地给员工指派任务，而没有把他们当成需要挖掘、培养与呵护的人才资源。

制订员工成长计划，能帮助领导者更清晰地了解员工们未来的发展方向，以便为员工们提供更多的成长机会。这样就能使每个团队成员得到有针对性的指导和培训，使他们成长为符合公司发展需要的优秀人才。这对领导者巩固团队内部凝聚力有很大的帮助。

3. 按公司需要规划人才的职业方向

升职加薪是每个员工的愿望，只不过每个人期待的职业生涯发展方向存在差异。现在的员工非常看重成长空间和发展前途，如果工作环境无法满足这些需求，他们就会选择离开团队，另谋高就。

这是人才管理的常态，但不是每个领导者都能坦然面对的。有的领导者生怕自己亲手培养的人才给其他部门作嫁衣，不愿给手下的员工指明未来的职业方向。此举扼杀了不少员工的潜力，也导致员工对团队缺乏归属感。

领导者可以在日常工作中经常跟员工讨论关于职业发展方向的问题。我们应该让团队成员明白以下几件事。

◎他们在这一年当中做的工作，对公司有多少贡献。

◎你认为他们可以达到什么样的位置。

◎你期望他们在今后表现出什么样的水平。

◎评估他们在职业发展下一阶段需要掌握的能力。

4. 制订继任计划

岗位出现空缺是公司运营过程中的常见现象。离职者留下的工作，会给留在团队中的人增加负担，造成项目进展受阻、工期延长、开支增加等问题。如果不能及时填补岗位空缺，团队的执行力必定会明显下降。

即使公司人力资源部门从外部招聘代替者，往往也需要一段时间，且未必能招聘到合适的人选。由此可知，制订继任计划对保持团队深度执行力至关重要。这是人才梯队建设不可或缺的一环。

凡是眼光长远的领导者都会提前考虑继任计划，而不只是埋头做任务。他们平时就会注意考察每个员工的表现，从中挑选有继任者潜质的人才。继任计划能保障重要岗位不会因人员流动而降低战斗力。故而团队稳定性更强，产出效率也更高。

执行经验充电站

领导者就是“领导力服务”的供应者

深度执行需要团队上下共同努力。员工是细分目标任务的执行者，需要权限更高的领导者提供更多的资源支持。领导者应该做团队成员的后盾，为他们提供“领导力服务”。在执行环节，领导力服务主要包括决策、激励和清除障碍三项工作。领导者负责完成那些员工不能或不该做的决策，让他们能够放手去做自己要做的事。同时还要设法激励员工自觉完成工作，而不能仅仅依靠反复催促来保持执行力。此外，员工在努力奋斗的过程中时常会遇到自己克服不了的障碍。为他们清除前进的障碍，也是领导者必须执行的任务。

优秀员工重要，平凡员工同样重要

深度思考

a. 优秀员工有哪些特征？怎样才能使其能力得到充分发挥？

b. 团队领导者应该怎样平衡少数优秀员工和大量平均水平员工的利益？

c. 如何提高平均水平员工的业务能力？

如果按照能力归类，组织中的人力资源可划分为五个档次：顶尖员工、高水平员工、平均水平员工、低水平员工以及不合格员工。

其中，顶尖员工只占员工总数的百分之几，非常稀少。高水平员工占比不到20%，平均水平员工通常占了将近60%，低水平员工也占了近20%。不合格员工一般会被辞退，留下来的数量不多。

领导者要知人善任，找出团队中的少数优秀员工并委以重任。与此同时，人数众多的平凡员工也是一支不容忽视的力量。如果他们的执行力不足，就会拖慢工作的整体进度。如何平衡两者的利益，考验着领导者的管理智慧。

1. 让优秀员工成为团队的发动机

优秀员工是由顶尖员工和高水平员工两个群体组成的。他们进公司不久后就会脱颖而出，表现出过人的能力，成长速度明显超过同批入职的人。他们数量较少，却贡献了一半以上的团队业绩，即二八定律中起主导作用的“二”。

毫不夸张地说，你的团队绩效考核结果，主要取决于优秀员工的表现。所以你会对他们青睐有加，视其为左膀右臂。

不过，越是优秀的人才，越不容易管理。喜欢他们的不只是你，还有你的竞争对手。如果留不住优秀员工，那他们很可能跳槽到竞争对手的公司，成为最难对付的劲敌。

顶尖员工和高水平员工存在一定的差异。如果使用不当，就会抑制两者的潜力。顶尖员工非常在意自己的进步速度。当他们发现自己与同龄的竞争对手存在差距时，就会拼命迎头赶上。相较于顶尖员工，高水平员工十分重视自己的上升空间，而不想仅仅为顶尖员工做绿叶。如果这两类人才认为自己在当前岗位上无法获得成长，那就会离职。领导者将面临大将出走后团队效能跳水式下滑的窘境。

为了解决这个问题，领导者应该把最困难、最复杂、最有挑战性的任务交给顶尖员工，把顶尖员工能顺利完成的高难度任务交给高水平员工去挑战。这样就能使顶尖员工和高水平员工都得到应有的成长。这关键的 20% 的员工是整个团队的发动机，决定了领导者的事业能走多远。

2. 帮助平凡员工成长

多达 80% 的平凡员工的执行能力一般，但如果能为其提供更多的支持，也是可以提升执行效率的。这就需要团队内部养成交流经验的习惯。让优秀员工和平凡员工经常交流工作心得，相互促进，共同进步。

不过，有的优秀员工怕教会徒弟饿死师傅，有的平凡员工只是嫉妒别人的成就而自己不肯付出努力。这些都需要领导者去耐心地进行指导和协调，在团队内部做到开诚布公，创造良好的沟通氛围。

如果只是简单分享工作心得，那交流经验可能会流于形式。我们应该设法把优秀员工的高效工作方法模板化。优秀员工负责把自己的高效工作方法分享给大家。领导者负责将其整理成一个人人可以照样执行的高效工作模板。平凡员工若能放弃原先的低效工作法，严格执行这个高效工作模板，团队效率就能显著提升。

领导者需要注意的是，优秀员工擅长做事但未必善于教人。他们的能力和潜力都大大高于平凡员工，其使用的方法可能对执行者的综合素质要求过高，不适用于平凡员工。强行推广他们的方法，很容易导致平均水准的员工迟迟无法掌握技能，并因此失去信心。

为此，领导者要扮演好职业导师的角色，认真研究各个优秀员工的工作方法，琢磨出一个平凡员工可以学会的实用的高效工作模板。每次遇到新的业务时，领导者都应该做好这项工作，尽可能让更多平凡员工获得成长。当每个员工都有所成长时，整个团队的效率和凝聚力将更上一层楼。

执行经验充电站

确定工作的优先等级

每个团队成员的工作能力不同，领导者分配给每个人的任务、资源和精力必然存在差异。确定工作的优先等级非常重要，它关系到资源和精力的优化配置。团队成员的工作进程会促使领导者不断调整工作的优先等级。当优先等级发生变动时，领导者会为重新配置资源而消耗大量精力。为此，领导者要始终明确自己最重要的工作是什么。同时，还要注意观察某些团队成员是否过度需要你来弥补其不足。这会造成资源浪费和效率降低的后果，所以我们必须通过重新安排工作来减少资源和效率的损耗。

如何处理表现不佳的团队成员

深度思考

a. 表现不佳的团队成员真的无可救药吗？

b. 处理表现不佳的团队成员，有哪些方法可选？

c. 团队领导者应该在什么情况下执行处理决定？

每当有新成员加入，团队都需要重新磨合。新员工要尽快融入集体，老员工也要跟新同伴培养默契。磨合过程可能会产生以下四种结果。

◎团队实力增强，皆大欢喜。

◎新员工成长迅速，让能力较弱的老员工沦为表现最差的人。

◎新员工表现不佳，很难融入团队，导致所有人的效率下降。

◎新员工和老员工发生冲突，关系水火不容，双方都表现不佳。

除了第一种情况外，后三种情况都需要团队领导者妥善处理。鼓励表现不佳的人，帮助他们成长，化解团队内部纠纷，都是领导者应该付出的努力。但是，再英明的领导者也总会遇到不得不靠淘汰某人来整肃团队的局面。

然而很多领导者开拓业务时雷厉风行，在处理员工离职问题时却优柔寡断。到头来，团队发展的阻碍因素迟迟无法清除，内部矛盾日益激化。别说提高执行力了，领导者在团队中的威望都会直线下滑。

1. 认清不适合留在团队中的人

如果领导者不能及时发现不适合留下来的人，那团队磨合的成本会随着时间的增长而增长。这个不适合留下来的人可能是新入职的菜鸟，也可能是心态扭曲的老员工。某个员工不适合继续待下去的原因包括以下几点。

◎能力太差且无法提高。

◎偷奸耍滑且不思悔改。

◎搬弄是非，制造矛盾。

◎欺上瞒下，违法乱纪。

◎与其他团队成员关系恶劣。

◎能力和态度都没问题，但确实跟岗位要求不匹配。

当你发现表现不佳的员工时，先别急着否定他们。在为其提供必要的支持后，再观察一段时间，确认他们究竟是一时表现不佳，还是根本不适合留在你的团队。找出他们表现不佳的根本原因。既不要凭主观经验轻易做出判断，也不能在日常监督时放松警惕。

2. 不要回避你的职责

离职管理也是领导者的本职工作之一。大家都知道这件不愉快的事很难做，但又不得不做。即使理直气壮，大多数人还是觉得把一个人清除出队伍是一件残酷的事，难以坦然做出这么冰冷的决定。

利用型管理风格的领导者最适合做这种得罪人的事。他们不在乎被人记恨，只关心辞退某个员工能否提高团队效率。玩家型管理风格的领导者自己就是不适合留在团队的人。取悦型管理风格的领导者最不擅长此事，他们最怕让人不高兴，宁可包庇对方也不肯做决定。赢家型管理风格的领导者在尝试了各种办法后，会果断履行离职管理的职责。

当你遇到这种情况时，可先冷静思考一下，辞退该员工是否是非常情绪化的决定？你可能会担心对方失去工作后没法向家人交代，但这往往是他们咎由自取。你要明白一件事，如果不把他们清除出队伍，那对其他人是不公平的。

大家都在努力工作，却被少数人影响了效率。认真做事的人心理会不平衡，觉得自己做了那么多事却得不到重视，从而对领导者失去信心。为了少数不能给团队创造价值的人去伤害奋斗者们的心，这比开除一个不合格员工要残忍得多。

3. 做个得体的辞退声明

你在做出辞退声明时要记住，你这样做不仅是为团队着想，也是为被辞退者好。不纵容他们的错误行为才是真正地帮助他们。如果你继续容忍他们的糟糕表现，就扼杀了他们获得成长的最后一丝可能性。

不过，赢家型管理风格的领导者就算辞退人也不会像利用型管理风格的领导者那样简单粗暴，而是会尽量采用体面的方式让对方离开。无论你是否同情离职者，最好把辞退声明做得更得体一些。我们应该注意以下几点。

（1）不要把责任归于己身

你应该简单地表明中立态度，措辞不用太复杂。不要用情绪化的语言表达自己的难处或苦恼。被辞退的人比你更难受，你不要给自己或对方施加过多的情感压力。

（2）对事不对人

你要说清楚辞退对方的原因，但必须坚持对事不对人。要批评对方的行为在客观上造成了什么不良后果，而不要去批评对方有什么人格缺陷或不良动机。这一条不容易做到，但即使你已经非常厌恶对方，也不要失去团队领导者的风度。

（3）给出一定的鼓励

告诉对方不必为离开团队而否定自己，可以在失败中继续前进。如果你的语气过于尖酸刻薄，要么会打击离职者的自信心，要么会激发他们的报复心理。

（4）给对方提问的空间

辞退的决定已经下达了，但你还是应该给对方一个提问的空间。需要注意的是，你这样做是为了表明你的同情心和公正心，而不是让对方质疑你做出的决定是错误的。

（5）如有可能，可私下告别

虽然其他人最终会知道某人被辞退，但你不必把此事弄得沸沸扬扬。最好是私下跟离职者告别，在坚持立场的前提下给对方一点面子。做人留一线，日后好相见。

执行经验充电站

领导者不该成为老好人

有些领导者过分看重人际关系，希望跟团队成员成为好朋友，极力避免成为众人又恨又怕的“暴君”。现代企业管理倡导任务目标和人际关系并重的理念。看重人际关系本身没有错，但不要忘了建立良好人际关系的最终目的是打造团结高效的团队。某些表现不佳的团队成员事实上不仅影响了团队的工作效率，也让其他团队成员感到不满。如果领导者害怕做“坏人”，迟迟不能下决心处理这样的人，其他团队成员就会对领导者失去信心。到头来，不但生产效率无法提高，而且苦心经营的人际关系也变得貌合神离。

第三章 让每个人都围绕团队战略做正确的事

没有清晰的战略，再努力也是白费。但就算有清晰的战略，也未必能成功达成目标。每个人都是战略的执行者，所作所为都会对目标管理产生影响。如果执行者没有认真完成任务的态度，或者不具备完成任务的执行力，就会阻碍整个组织的发展。深度执行不仅要求把战略制订得更加高瞻远瞩且合理可行，也对整个团队甚至每个执行者提出了更多的挑战。为此，管理者必须努力打造高效执行战略的团队，改造执行不力的团队。

制定团队战略时应该注意什么

深度思考

a. 负责制订战略计划的人是否对公司的现有市场及客户有深入的了解?

b. 负责制订战略计划的人是否明白提高盈利能力的最佳方式和最大障碍分别是什么?

c. 负责制订战略计划的人是否对竞争对手的情况有足够的认识?

在很多人眼中，战略是战略，执行是执行，两者泾渭分明。这个认识会阻碍我们获得深度执行力。战略和执行本来就是一体的，不考虑执行效果的战略是虚头巴脑的幻想，缺乏战略视野的执行仅仅是低水平的重复作业。

许多企业常犯的一个错误是战略规划滞后于市场发展趋势，团队执行到一半时才发现战略不合理，匆忙调头转向，白白浪费了人力、物力和时间。深度执行要求企业对战略与执行进行深度整合，每一个执行环节都为战略大目标服务，而战略规划本身也要具备极强的可行性和前瞻性。以下是领导者制订战略计划时必须考虑的问题。

1. 公司的外部环境如何

任何公司都不是孤立存在的，必然要扎根于其所处的社会经济文化环境中。公司的外部环境决定了其发展空间大小，而大环境的变化会对公司的生存起到决定性影响。一份合格的企业战略计划，必须反映出决策层对外部环境的认识。领导者需要考虑的外部环境因素包括国家政策、经济发展水平、技术更新换代、人口结构及发展趋势、整个行业的动态、市场需求变化、国际关系动向等。

2. 我们对当前市场及客户的认识水平如何

作为产品和服务的供应者，决策层对当前市场和客户的了解程度关系到公司能否在市场中站稳脚跟。这是一件很不容易做到的事情。每个公司对市场都有自己的理解，开发的客户资源也存在差异。如果认识不够准确，那公司的战略计划就会变得不切实际。我们在制订战略计划时不能只凭过去的经验做判断，应该随时关注客户最近的购买行为和最新的实际需求。

3. 提高盈利的最佳途径和阻碍各是什么

公司到底应该在现有市场中继续推广现有产品，还是开发新产品？或者把现有产品投入新市场，推荐给新客户？公司是否需要通过并购等方式扩大规模？公司能否通过改变成本结构来削减成本，达到提高盈利的目标？哪种是提高盈利的最佳途径，需要我们在战略计划中注明。与此同时，战略计划中还应该指出这条发展道路上会出现的各种阻碍，以便大家充分考虑执行细节。

4. 我们的竞争对手是谁

如果我们的战略计划中没有明确指出公司要面对的竞争对手，那执行环节就会变得很盲目。竞争对手的规模、盈利水平、市场影响力、客户类型、发展策略、主要产品和服务、人力资源结构等情报都应该认真调查。

如果不事先针对竞争对手的特点制订战略，那公司很可能在市场竞争中落于下风，被对方牵着鼻子走。因此，我们必须在战略计划中清楚地列出市场中的主要竞争对手，并注明我方的对策。

5. 公司是否具备实施该战略的能力

执行失败未必是因为公司的战略缺乏远见，也可能是公司自身的实力不足以实施该战略。为此，领导者应该认真评估公司当前的实力，判断战略计划是否有能力执行，否则很容易出现战略和执行脱节的悲剧。

假如公司具备相关能力，战略计划就是合理的。如果不具备，能否通过努力创造条件达到要求，也是领导者应该考虑的。万一努力后也实在达不到要求，我们就只能调整战略计划了。

6. 执行计划中的阶段性目标是什么

战略目标不可能一下子就实现，必然需要经过多个阶段。所以我们在执行战略的过程中必须设置若干阶段性目标，提高战略计划的可操作性。让员工知道战略计划中的每个阶段性目标是什么，他们才能知道往什么方向努力和怎样努力。

假如团队未能完成阶段性目标，领导者就得重新思考当前的战略计划是否脱离实际。一份优秀的战略计划的核心部分应该是稳定的，但也要具备一定的弹性，能根据市场环境变化做出调整。

7．是否兼顾了短期利益与长期利益

战略计划应当具备时效性和前瞻性。时效性对应公司的短期利益，前瞻性对应公司的长期利益。如果忽视了时效性，短期利益就会受损，同时也会损害公司实现长期利益的能力。但忽略了前瞻性会让公司变得目光短浅，难以赢得长期的市场竞争。一份优秀的战略计划必须兼顾短期利益和长期利益，让短期成果为长期发展奠定良好的基础。

8．公司目前面临哪些关键问题

失败的战略计划往往只顾着规划美好未来，而没有指出公司存在的关键问题。制订计划的决策者若不能在事前意识到可能出现的阻碍和风险，就是失职。我们在制订战略计划前应该考察人才、产品、销售渠道、组织结构、运营流程、机器设备、合作方关系、客户关系等因素，找出可能影响战略执行的关键问题，并做出有针对性的部署。

9．公司怎样保持持久盈利

让公司保持持久盈利是战略计划的终极目标。每个战略计划都应该附有详细的企业分析报告，让大家知晓公司当前的盈利状况和主要利润来源。其中的现金流程、边际利润、周转率、收入增长

率、市场份额与竞争优势都是领导者应该关心的内容。

通过检查上述九个问题，领导者可以看出公司当前的战略计划是否结构完整、方向正确、内容合理、具备可操作性。总之，正确的战略计划需要深度执行来攻克一个个阶段性目标，而深度执行也只有在正确的战略计划的指导下才能真正发挥作用。

执行经验充电站

合理评估员工的执行能力

团队的工作效率取决于每个员工的执行能力的总和。有的员工水平高且执行力强；有的员工水平不高但执行力强；有的员工水平高但执行力弱；有的员工不仅水平低，还缺乏执行力。作为团队领导者，我们要在事前合理评估所有员工的执行能力，然后在此基础上制订战略计划。如果战略计划的实施难度远远超出了员工的执行能力，那战略基本上是不太可能贯彻落实的。战略计划的实施难度高于员工当前的执行能力，才能激发他们的潜力，促使他们通过努力达成目标。如果战略计划能被轻松完成，那说明你应该给团队制定一个更高的小目标。

战略评估离不开深度思考

深度思考

a. 企业部门战略评估对深度执行有什么实际意义?

b. 企业部门战略评估应当包含哪些内容?

c. 完成企业部门战略评估之后，我们还应该注意哪些执行问题?

企业部门战略评估是战略规划流程中最主要的互动沟通机制。一份战略计划能否有效实施，首先得通过企业部门对其进行战略评估。这是战略计划正式实施之前的最后一次修正机会。只要通过了评估，公司上下就要按计划分头执行。

参与评估的领导者和资深员工，都应该在评估会议中尽可能地列出今后可能遇到的问题。每个问题都要逐一讨论出结果，至少要明确方向。这样才能让每一位执行者都清楚自己的责任，达成团队共识。我们做企业部门战略评估时应注意以下几个要点。

1. 确认战略计划的方向是否正确

这是评估战略计划的第一步。如果方向错了，后面的努力将全部白费。没有正确的战略方向就没有深度执行力。所以，大家在评估战略计划时应该把以下关键问题讨论清楚。

◎这份战略计划是否合理?

◎战略计划是否前后一致?

◎这份战略计划是否符合当前的市场形势?

◎我们的组织是否具备足够的条件来实现这个发展目标?

◎我们在寻求发展出路的时候是否存在好大喜功的误区?

◎计划中的发展思路能否给我们带来利润?

注意！我们不要同时开展太多项目。在企业部门战略评估会议上挑选出四个方案就已经很高效了。贪多会延长执行周期，增加执行难度。

2. 确认该计划是否重点突出

当一个战略计划的内容不够聚焦、重点不够突出时，公司很容易陷入超负荷运营的不利局面。由于重点不明确，业务部门会采用扩大产品或服务范围的方式来增加盈利。这等于是把资源和精力分散在更多的业务领域，在最能决定公司命运的主营业务上往往难以取得进展。

我们在评估时应该警惕以下几个问题。

◎这份战略计划是否过于宏伟?

◎哪些才是最重要的业务?

◎我们应该怎样安排各项工作的先后顺序?

◎公司是否同时进入了太多市场？

◎我们是否会因为开拓新市场而失去现有市场？

3. 评估公司执行计划的能力

如果缺乏执行计划的能力，公司就不得不对原先的战略计划忍痛割爱。霸王硬上弓不会有好下场，只会让公司在超负荷运作中崩溃，最终颗粒无收。我们可以从以下方面评估公司的软硬件能力。

（1）战略

◎公司的市场定位是什么？

◎当前的战略重心是什么？

◎支出情况如何？

◎绩效情况跟竞争对手比有无优势？

（2）营销

◎市场定位是否符合客户需要？

◎怎么对产品进行定价？

◎该怎样有效宣传自家的产品？

◎如何分配宣传预算？

（3）运营

◎公司的商业模式是怎样实现的？

◎如何降低制造成本？

◎如何提高产能？

◎如何增加产品种类？

（4）人力资源

◎公司给予员工的待遇如何？

◎各个岗位是否得到了合适的人选?

◎如何提高员工的满意度?

◎如何确保所有的规章制度被严格遵守?

(5)财务

◎公司当前的财务状况如何?

◎如何获得用于扩张规模的资金?

◎业绩是否足以维持持续发展?

以上都是关乎公司发展的硬件和软件问题。领导者应该逐个排查，以确认公司的软件和硬件足以支持战略计划的执行。

4. 战略与人才、运营现状的匹配程度

一个好的战略计划必须跟公司的人才状况相结合。领导者在制定人才管理规划时，应该围绕战略计划进行。招聘的人员应是能促进公司实现战略计划的人才，员工培训也应该重点培养跟执行战略计划有关的能力，这样才能打造符合公司战略需要的高素质人才梯队。

此外，战略计划同时也要与运营流程兼容。运营流程是执行环节的核心。如果理不顺运营流程与战略计划的关系，就会阻碍公司的发展。如果运营流程跟战略计划的需要发生冲突，那该调整流程就调整流程，该修改战略计划就修改战略计划。

企业部门战略评估不仅能提高战略计划的可靠性和可行性，同时也是领导者了解员工的战略思考能力的主要途径。领导者通过这种形式来培养员工的战略思考能力，可以找出团队中有战略家潜质的人才。

执行经验充电站

找到能真正产生结果的关键行为

我们为了实现一个目标会做出很多行为。但能否真正产生结果，取决于某些关键行为是否到位。假如你只是围绕非关键行为努力，就是白费力气，劳而无功。无论你从事什么工作，做什么业务，都应该找出那些真正产生结果的关键行为。这是提高执行力的必要环节。在这个步骤要多做些思考，否则，只是盲目执行，会被你自己制造出来的一大堆麻烦搞得焦头烂额。如果你弄不清哪些是关键行为，说明你的思考还不够深入，离深度执行的要求还相去甚远。

培养员工大局观，一切为团队战略服务

深度思考

a. 团队执行者缺乏大局观的具体表现有哪些?

b. 为什么大多数员工都缺乏大局观，不能从企业发展的大局考虑问题?

c. 团队领导者怎样帮助手下的员工树立良好的大局观?

按照传统观念，“尽力而为”就是执行力强的表现。但在深度执行理念中“尽心而为”才符合要求。“尽力而为”实际上是一种自我设限，为自己可能遭遇的失败留下退路。“尽心而为”则不然，不达目的不罢休，不用尽手段不死心。

两者的根本区别在于，“尽心而为”的员工拥有良好的大局观，全心全意围绕公司战略规划奋斗。大局观是深度执行力的增效器。培养员工的大局观，能减少各个环节的摩擦和失误，更好地实现战略目标。

1. 员工为何会忽视大局

员工通常只管眼前的任务，而不会去思考该任务对团队运营和公司战略的影响。按照这种思路工作不难取得合格的成果，但难以脱颖而出。还有一些员工做事精益求精，但只考虑细节上的完美，而忽略了整个流程的分工协作。他们投入了过多的时间和资源来做自己的工作，却影响了其他人的工作进度。这也是大局观不强的表现。

之所以造成这些现象，一方面是因为员工自己本身缺乏大局意识，另一方面是因为领导者平时没有把大局观有效传达给员工，导致大家不理解自己工作的重要性和必要性。领导者的失误可能是出于以下原因。

（1）领导者自己没看清大局

大局形势是多种因素综合作用的结果，经常会发生变化。洞察形势是领导者的天职，但不是每个领导者都能看清每一次大局变化。他们也可能感到迷茫，不知道自己该怎么做，自然不能明确告知员工该做什么。

（2）没有亲自跟员工沟通

有时候，领导者觉得自己已经通过开会、发通知、传达文件等形式讲清楚了大局问题。遗憾的是，这又是一个错觉。员工很少会认真学习文件精神。如果你不是面对面地亲口讲出来，那他们不会太当一回事。因为在员工看来，只有上级亲口叮嘱的事情才是最重要的事情，其他事情可以不那么认真对待。

（3）疲于应付工作而忽视宣传

领导者的工作过于繁忙，没有时间给员工讲大局，甚至自己没有时间来观察大局变化。这是个很好的理由，但同样是一个失误。因为当你培养出员工的大局观后，你会发现他们会帮你分担更多的重要工作，会把你从事必躬亲、日理万机的劳碌中解放出来。

2. 培养员工大局意识的简明技巧

我们要改变只给员工指派任务而不跟他们讲解大局的习惯。对于重要的任务，应该像做战前动员一样跟员工说清楚三件事。

（1）指出当前工作的意义

缺乏大局观的员工很难鼓足干劲提高执行力。在他们看来，工作仅仅是为了完成指标，没有任何价值，不能为自己带来成就感。为了改变这个局面，请告诉你的团队成员，他们手头的工作对大局有什么影响。让他们真正明白，把工作做到极致对自己、全团队、全公司甚至全社会有什么意义。

（2）阐明优先事项

员工通常只知道自己的任务，对其他同事的工作缺乏了解。在执行过程中往往会把精力放在次要任务上，而没有执行最迫切、最能产生效益的主要任务。领导者要从大局出发，阐明所有任务中的优先事项。让每个执行者都清楚自己当前的第一目标和第一要务是什么，从而更合理地制订个人工作计划。

（3）解释团队使命

团队使命不需要用连篇累牍的文字来解释，只需要一句生动而振奋人心的口号。如果领导者不能用一句话来概括团队使命，说明他对团队发展大局还缺乏清晰的认识。团队使命是一面旗帜，能把所有人的工作和心思统一到共同的方向。没有明确的团队使命，员工就不可能产生大局意识。

执行经验充电站

执行者要学会“资源管理”

资源管理指的是员工对自己工作所需的所有资源进行管理，最终目标是实现高效工作。每一项工作对应的资源需求不尽相同。通常而言，执行者需要的资源不仅包括原料、设备、技术、基础设施等客观工作条件，还涉及工作相关的一切人力和物力。你的领导、同事、部下、客户、供应商、专业顾问等，也是重要的工作资源。如何把这些资源充分利用起来，是推动工作的关键。不擅长资源管理的执行者，在遇到问题时往往会不知所措，不能合理利用自己拥有的资源来突破难关。毫不夸张地说，资源管理能力是深度执行力的一个重要组成部分。

怎样改造不肯执行战略的团队

深度思考

a. 团队不肯认真执行战略，真的只是员工单方面的问题吗？

b. 作为领导者的你，是否无意中制造出了一个没人愿意说真话的氛围呢？

c. 当团队成员不听你的指示时，你是否检查过自己身上可能存在的问题呢？

谁都希望团队人员恪尽职守，但现实总是不尽如人意。有时候，无论领导者怎样动员和激励，团队成员就是不肯认真执行战略，只是对上级虚与委蛇。如果被逼急了，那他们可能还会集体抗议、拒绝工作。假如你不幸遇到这种情况，不要以为只是员工一方的错，问题的根源恐怕还在你自己身上。

好好想想，你平时有没有耐心倾听员工的想法？你有没有在员工提出反馈意见时大发雷霆，斥责他们只是在找借口？当整个团队都跟你对着干时，说明团队成员已经不再信任你，甚至对你已忍无可忍。你需要做的不是弹压众人，而是放下架子去了解真相。

1. 反思自己可能存在的问题

当团队成员不按你说的做时，你可以通过以下 10 个问题来找出自己可能存在的失误。

（1）你真正想要的是什么

你想要的是个人功绩，还是团队的共同进步？如果是前者，大家自然会抵制你的私心。如果是后者，你就得反思一下自己的所作所为是否跟自己想要的东西一致，因为他们有可能不是反对你的目标，而是反对你的言行相悖。

（2）你跟其他人是否在同一频道上

假如你的思路和语言跟其他团队成员不在一个频道上，他们也许不是在反对你，而是确实没弄明白你的想法。要知道，你熟悉的东西对他们来说可能是陌生的。扪心自问，你在指派任务前有没有向员工提出明确的要求，有没有告诉他们相关的数据和事实？

（3）你倾听过他们的心声吗

员工的工作热情跟领导者的倾听能力通常是成正比的。善于聆听的领导者手下必有积极主动、全力以赴的员工。当你拒绝倾听员工的想法时，他们会认为你不关心他们的想法，同样也会对你的想法漠不关心。你不可能事事赞同员工，但耐心倾听员工的心声是必需的。

（4）你的威信如何

被员工拿出证据来证明你确实错了，是一件很没面子的事。这意味着你在团队中失去了威信。如果原先都是由你一个人拿主意的话，那威信就会崩塌得更彻底。但是，员工会尊重实事求是的领导者。领导者承认自己对某个领域不熟悉，然后充分支持擅长该领域的员工把事情做成，同样能在众人之中树立自己是员工坚强后盾的威信。

（5）你知道他们关心什么吗

每个执行者都有自己看重的东西。如果你宣扬的价值观跟他们关心的东西背道而驰，那他们就算明面上不顶撞你，也不会把你当成自己人。你在团队中的号召力就会很弱。

（6）你是在命令还是邀请

你在委派任务时是用命令的语气还是邀请的语气？命令的语气把你置于众人之上，员工不一定会心服；邀请的语气意味着你把大家视为人格平等的协作者，这会让员工更乐于接受你的委派。

（7）你有没有解释原因

不要忘记把任务背后的原因和目标解释清楚。领导者发出一个指示时，大家可能还不太理解为什么要这样做。这种疑惑会让他们暂时不积极响应，先观察一段时间再说。

（8）你是否确认他们的理解程度

说的一方总是比听的一方更加清楚自己的想法。你是否已经跟员工解释清楚自己的真实想法，不要以你的解说次数为依据，而要以对方的理解程度为根本。你要确认他们是否真正理解你的意思，以减少不必要的误会。

（9）你是否把要求的事挂在嘴边

人的关注点随时在变，不会一直记得最重要的事，只会注意眼前最紧急的事。如果你只宣布了一次要求就再也没提过，那大家会觉得这件事没有想象中那么重要。只有你经常挂在嘴边反复强调的事情，才会真正引起员工的重视。

（10）你有没有试过其他的表达方式

每个人获取信息和知识的方式不同，所以领导者有必要尝试用不同的表达方式来跟团队成员沟通。至关重要的信息，可用工作群、会议、一对一交谈三种渠道来重复至少6次。通过多种表达方式的传播，员工会更好地理解和贯彻你的意图。

2. 弄清团队成员的真实想法

强势领导者常常会制造出一种没人敢说出真相的环境。他们只相信自己的眼睛，不肯承认自己会犯错，听不进逆耳忠言。团队成员只好放弃沟通，不再全力以赴地工作。要想改变这个局面，领导者应主动创造沟通氛围。

（1）怎样获取真实反馈意见

定期鼓励你的团队成员提出想法。你可以单独请一些人来透露一些内情，让大家知道你现在真正关心的是什么事。当有人忠言逆耳时，你不要计较“逆耳”，应该感激“忠言”。员工用令人舒服的方式讲真话，是他们的水平高。但这不能成为你的硬性要求，否则你还是会变成只肯听好话的人。

在询问大家的真实想法后，给出回应是必要的。即使是想告诉对方这些意见还不具备可行性，也要让他们明白你确实认真考虑过了。一旦大家知道你愿意听大家的真实想法，并会在听后对这些想法进行认真思考，那无论他们的想法是否被采纳，大家都会更加大胆地发言。你可以在询问的过程中找出善于发现问题且直言不讳的人，将其作为你听取员工真实想法的窗口。

（2）如何引导员工说真话

如果谈话氛围不好，员工会顾虑重重，难以表达真实想法。领导者通过一些技巧可以帮助对方畅所欲言。比如，眼神交流要和善，采用端正和开放的坐姿，说话要自信而诙谐，注意听者的反应，自始至终用镇定自若的姿态与之交流。

为了做到这些，我们在跟员工谈心前必须组织好自己的思路，准备好合适的开场白。只有我们提前做好功课，才能跟对方聊到关键问题。我们要以征求意见的语气交谈，仔细听取别人的见解和设想。如果可能的话，那我们可以把他们的意见融入自己的想法之中。当团队上下都能开诚布公时，就有望重新统一思想，恢复高效执行力。

执行经验充电站

从协作环节挖掘潜力

多数员工对其他环节的协作要求不是很上心，能推就推，一推再推。这就造成了相关环节的员工卡在流程上，难以进行下一步的工作。而推脱者在自己需要其他人协作时，也很可能遇到同样的情况，导致任务迟迟没有进展。糟糕的协作意识是实现深度执行的一大阻碍。而提高产出效率和成果质量的希望，恰恰在于各个协作环节。有些优秀员工对自己的主要业务兢兢业业，但对协作缺乏热情，这不符合深度执行的要求。有些员工热衷于协助他人，却不能把主要精力集中在自己负责的工作上，这也违背了深度执行的本意。两者皆不可取。

第四章 高效执行的关键在于提升内驱力

工作流程把团队执行的各个环节串连成一个整体。每个环节的执行效率最终决定了整个流程的运转状况。假如流程不合理，员工再能干也难免事倍功半。为了减少这种不必要的效率损失，管理者应当事先优化执行的核心流程。找出工作流程中的不合理之处，减少每个环节中不产生效益的流程。制订运营计划时要注意保持整个流程的协调和畅通。加强目标管理，及时评估流程的执行状况，真正实现组织团队的高效运营。

深度执行从做好高效决策开始

深度思考

a. 管理层在做决策之前真的明确这是一种什么类型的决策吗？

b. 哪些人应该参与决策，谁又是最终决策的制定者？

c. 我们可以采用哪些方式来制定决策？

要想获得成功，就得按照正确的方法做正确的事。深度执行就是“正确地做事”。至于团队做的事是否正确，还得看管理层的决策水平。决策既是一门科学，也是一门艺术。失败的执行基本上都能从决策环节找到原因。说不定团队的努力方向一开始就错了，执行力越强，错得越离谱。

如果每次开会讨论都以失控告终，说明管理层没弄清楚两件事：第一件事是我们现在要做的是什么类型的决策；第二件事是谁是决策的制定者。为了减少决策失误，每个执行者都有必要认真了解以下内容。

1. 两类决策

许多团队会花几个小时甚至几周讨论很多事，时间都浪费在争论上。即使争论出了结果，也没有形成清晰的战略规划或执行方案。其实，我们不必集体讨论每一件事，重点抓好两类决策就行。

（1）做什么

“做什么”是关于目标的决策。它的主题是确定团队要完成的目标、要达到的终点、要实现的结果。也就是确定团队发展的大方向。管理层应该先围绕“做什么”的问题进行讨论，不要急于考虑具体的细节。大局不定，会输得干干净净。决策结果应形成书面形式的战略规划，作为团队上下共同遵守的总路线、总方针、总目标。

（2）怎么做

“怎么做”是关于方法的决策。它的主题是找出如何贯彻总路线、落实总方针、完成总目标的方法。需要注意的是，人们在讨论“怎么做”的过程中，很容易对“做不做”产生疑问，又返回到关于“做什么”的问题上。

2. 四种决策方式

在明确了决策的主题后，我们可以根据需要来选择不同的决策方式。每一种决策方式都有其优缺点和适用范围。管理层有四个可用的选项。

（1）一人独断

由单一的决策者来做决定。这个决策者可以是团队最高领导者，也可以是最高领导者委托的代表。决策者可能自已乾纲独断，也可能召集大家商量。他会要求每一个人表达观点，但是否采纳由他一人说了算。

一人独断的决策过程简单，利于统一思想、减少扯皮。但决策者一旦出现误判，整个团队也会跟着错，很难及时纠正错误。最终成效几乎完全取决于决策者的个人能力和精神状态。

（2）投票决策

投票决策是一种集体决策模式。当会议中出现了两个或多个意见相持不下的局面时，领导者发起投票，按照少数服从多数的原则选出得票最高的意见作为整个团队的意志。少数派在原则上也要服从投票结果。

投票决策的形式相对公平，大家在投票前通常已经各抒已见。由于决策流程明确规定以投票结果为最终结果，效率也比较高。不过，有时候会出现过于激进的少数派，在投票后愤而离开，造成团队内部分裂。

（3）集体讨论出最终决定

集体讨论是大家出现分歧后一直讨论下去，直到每个人都在相互妥协中达成共识为止，最终决定代表全体成员的统一意见。尽管这个意见不可能是所有决策参与者心中的首选，但大家都会心悦诚服地执行它。

这是最复杂、最艰难的一种决策模式。一旦出现多种对立意见，就会陷入旷日持久的争论，直到一方被另一方说服。如果中途出现新的意见，又会引发新一轮争论。这种决策的过程将异常曲折，效率最低，但有利于保持组织的稳定性，减少决策失误。

（4）随机决策

如果大家都不知道该怎么办，就可以用抛硬币、猜拳、抽签、算卦等方式来做决定。随机决策排除了人的主观能动性，完全靠运气来决断。决策者可能蒙对了，也可能错得离谱。不过在众人心里没底时，这是效率最高的决策方式。

3. 明确自己的意见

前三种决策方式都建立在每个人明确自己意见的基础上。不过很多员工在开会时三缄其口，不愿表明自己的真实看法。有决定权的人没能得到有用的反馈信息，很难形成有效的结论。这也是导致决策过程“议而不决”的一个重要原因。

以下是不肯表态者的标志性话语。

◎“情况还不明朗。”

◎“我不太清楚。”

◎“还得再研究研究。”

◎“还不能确定。”

◎“先调查一下再说。”

◎“没什么好的意见。”

深度执行要求每一位员工都明确自己的定位，学会在会议中表明自己的立场和意见。也许你给出的意见跟最终决策方案相差甚远，但你的意见或许对其他人有启发作用。万一你的意见正中靶心，团队的执行力就会因为你的努力明显提升。这也是大功一件。

执行经验充电站

注意区分两种讨论

我们在决策过程中要注意区分两种讨论：一种是关于“我们的努力方向是什么”的讨论，另一种是关于“我们如何才能做到”的讨论。简单来说，就是区分“做什么”和“怎么做”两个问题。如果将两者混为一谈，你就会发现团队会议很难围绕重点进行。一会儿争论努力的方向，一会儿又开始分析执行的细节。还没有确定大方向，就开始考虑过于具体的操作细节。这样的讨论费时费力，最麻烦的是它会令人迷茫，大家直到讨论结束都搞不清楚自己想要什么样的结果。

制订运营实施计划重在取舍和协调

深度思考

a. 为什么很多企业在制订运营实施计划时总是不能充分考虑执行的难度？

b. 制订合理的运营实施计划需要讨论哪些问题，会经过哪些步骤？

c. 当某些高瞻远瞩的战略会让运营成本急剧上升时，决策者该如何处理这个矛盾？

企业的每个部门团队都希望得到更多的资源、人手以及更宽裕的工作时间，但是让所有人都满意是不可能的。领导者要设法把人力、物力、财力用在刀刃上，同时兼顾其他方面的运营。这些内容都体现在运营实施计划中。

制订运营实施计划是领导者的一项重要使命。运营实施计划在很大程度上决定了团队发展的上限。如果计划一开始就偏离目标或缺乏可行性，再优秀的执行者也无法取得好结果。领导者必须避免这种局面发生。

1．制订运营实施计划前应该考虑的问题

为了合理制订运营实施计划，领导者必须认真考虑以下六个问题。

（1）目标是什么

◎保证按时按质按量完成任务。

◎合理把控工作进度。

◎明确具体的工作对象。

◎确定执行方案和操作技术。

◎梳理与目标相关的物资配送、技术援助、质量检测、生产安全保障等问题。

（2）合理的执行时间

◎确定目标执行的具体起始日期和结束日期。

◎确定各阶段规定的时间内需要完成的工作任务。

◎确定突发事件或意外情况发生时可以宽限的天数和应对措施。

（3）适宜的执行地点

◎找到合适的地点开展工作。

◎找到合适的物资采购点，确保物资能及时安全送达公司。

◎找到合适的地点储存物资、货物和设备。

（4）合适的执行人选

◎选出操作技术最出色的执行者。

◎选出当前能最快开展工作的执行者。

◎选出对具体任务最有经验的执行者。

（5）执行的目的

◎明确执行这项任务的必要性和意义。

◎明确执行这项任务是否符合市场需求。

◎明确执行这项任务能否为公司带来足够的收益。

◎明确客户能否迅速接受我们的执行成果。

（6）怎样执行

◎找出最省时省力的工作方式。

◎找出最能降低失误率的工作方式。

◎找出最经济划算的工作方式。

只有把这六个问题弄清楚，才能制订出可操作性强的运营实施计划。尤其是关于执行人选的问题，需要领导者特别重视。如果你手下没人能完成任务，那说明你的运营实施计划超出了团队的能力范围，必须重新调整。

2. 制订运营实施计划的三个步骤

第一步：确定目标

公司高层要确定营业收入、现金流、生产力水平、市场份额等总体目标，然后再将总目标分解为各个部门的目标。而各部门的团队负责人又要根据总目标来分解具体的目标任务，让每个岗位的执行者都清楚自己的努力方向。

第二步：制订行动计划

根据各个层次的目标来制订行动计划，让每个人都知道自己下一步做什么。领导者需要注意兼顾短期目标和长期目标，不能用寅吃卯粮、竭泽而渔的方式来完成目标，否则会给未来的发展留下很多隐患。

第三步：开会讨论达成共识

领导者应当和所有会议参与者充分讨论，力求达成共识。在此基础上，领导者还要采取具体的措施来跟踪各个环节的执行情况，以确保每个执行者都能认真围绕运营实施计划来工作。

3. 取舍和平衡问题

运营实施计划在实际执行过程中会遇到很多新情况。比如，某些业务进展受阻，投入大量资金后还是没能取得成果。而另一些业务原本没有分配太多资源，却意外地出现了可喜的成绩。如果还按照原计划走下去，就跟刻舟求剑没什么两样。不能应时变通的运营实施计划，是通往失败的捷径。

当遇到这些跟原计划差异很大的情况时，领导者就有必要重新调整运营实施计划，对不能产生效益的项目减少投资，对有望实现突破的项目追加投资。此举是为了确保组织的整体利益不受损。

尽管某些部门团队的利益必然受损，但为了全局的平衡，领导者不能不做取舍。优柔寡断反受其乱。但是，领导者同时也要避免头痛医头，脚痛医脚的错误。对于那些需要长期投资、反复试错的重要领域，浅尝辄止的投入不会产生效果。

领导者要学会承受短期亏损的压力，不能片面追求赚快钱。除了兼顾短期利益和长期利益的平衡外，公司高层对各部门的投入既要有所区别，又要注意扶持弱势部门团队，力求让每个部门团队协调发展。

执行经验充电站

不要幻想自己能做完所有的事

企业运营实施计划要做取舍，执行者对自己的工作同样需要做取舍。有些执行者误以为深度执行就是在更短的时间内做更多的工作，这是个彻头彻尾的认识误区。在每个领域总会有层出不穷的事需要做，你不要幻想自己能做完所有的事。深度执行不是靠加班加点拼命工作来实现的。我们要接受工作永远做不完的事实，减少那些自己腾不出手做且价值不大的事务。只有这样，我们才能把自己的精力和资源集中在最有可能出成果的地方。深度执行有时候需要的是做减法，而不是做加法。

目标管理：让工作任务可视化

深度思考

a. 为什么员工往往接到任务就急于执行，而不会沉下心来考虑目标管理问题？

b. 为什么有些领导者制定的任务目标总是超出团队成员的能力范围？

c. 团队执行者怎样才能提高目标管理效率，让工作计划赶得上变化？

有些人工作热情满满，却急于求成，结果工作做得一塌糊涂。有时候欲速则不达，只有明确了任务目标，执行才能有的放矢。若能使用目标管理法来规划工作，将起到事半功倍的效果，获得深度执行力也不是什么难事。

领导者在制定目标时常犯的错误有宏观指标过高、年度目标模糊、战略目标秘而不宣、部门目标相冲突、岗位目标不合理等。造成这些错误的主观原因是领导者对执行力的认识不到位，客观原因是公司的组织结构混乱、规章制度流于形式。

1. 用任务看板加强目标管理

为了大幅度提升执行力，领导者应该尽可能把工作任务可视化，让团队中的每一位执行者都明白自己该做什么、做到了哪一步、下一步怎么做。唯有这样，员工能把力量用在能产生价值的地方。

任务看板是一种在世界500强企业里常用的目标管理方法。其原理是通过不同颜色和形状的贴纸或电子卡片墙来形象地展示每个人当前的工作状态。

任务看板可以采用传统的黑板或白板模式，也可以采用电子任务流程图的形式。无论哪种形式，都要具备以下四个特征。

◎必须用直观化、形象化的方式来表现任务流程。

◎做任务分类的时候，应将任务状态栏分为“已完成”和“待完成”，即将开始的任务归入待办栏。

◎标明各个栏位中的任务流程状态，使各项任务变得可视化。

◎关注当前任务，规定每个任务状态栏上最多能出现的任务数。

因此，我们在制作任务看板时，还应该注意以下几个细节。

（1）便于维护

任务看板的内容应该主次分明、重点突出，保持简明大方、条理清晰的版面风格。如果任务看板不便于维护，很快就会被执行者丢到一边。

（2）动态化管理

领导者要定期更新看板内容，而且动态信息必须坚持以目标计划进度为主线。注意使用量化的数据或图形，以便把问题解释得清楚易懂。

（3）内容全面

任务看板的内容应该涵盖团队全体成员的工作内容。领导者可以采用多种形式的看板相结合的办法，让任务看板的内容更加全面、丰富、精确。

（4）醒目

任务看板应该摆放在人人都看得到的地方，越醒目越好。这样才能起到工作进度公开化的作用。

2. 任务看板在提高团队执行力方面的作用

与其他管理手段相比，看板管理最大的优点是直观形象地反映工作进展。任务看板在提高团队执行力方面有以下四个作用。

（1）共享信息，统一思想

所有参与任务的人都能随时从任务看板中了解最新进展，并明确自己下一步的工作。这将减少信息传递过程中产生的错漏和误会，不让执行流程出现缺环。通过共享信息，所有的执行者都能更好地统一思想，及时调整自己的工作计划，避免个人目标跟团队目标发生无谓的冲突。

（2）便于检查，杜绝纰漏

看板管理的任务栏每天都在更新，便于我们检查流程执行情况。每个执行环节的责任人都可以通过任务看板来直接掌握当前的工作进度和工作质量，更好地完成目标管理，减少工作失误。

（3）促进公平

所有人的执行成果都在看板上及时公开，大家一眼就能看出谁先进、谁落后。这有利于保证团队绩效考核的透明性和公平性，能起到鼓励优秀者和鞭策落后者的作用，能减少因绩效考核而产生的内部争议。

（4）确保流程井然有序

每个岗位的责任人都可以根据任务看板的提示信息来掌控工作重点，及时处理当前存在的问题，确保整个执行流程井然有序。

总之，目标管理是深度执行的重要组成部分，而任务看板是实用的目标管理工具。能否让这些管理方法真正产生效果，关键是看组织领导者和其他团队成员能否贯彻执行。这个应用过程本身也是一次目标管理过程。

执行经验充电站

把握每个可实现的小目标

如果目标和现状相差太大，执行过程就会变得很长，不确定因素也会成倍增加。这很容易让人们在努力的过程中失去信心和耐心，最终放弃原先的计划，失去成长的机会。优秀的执行者在制定目标时会立足长远，但在执行环节会把大目标化整为零，分解为一个个可以实现的小目标，降低执行过程中的潜在风险。这些小目标可以直观地反映个人和团队的进步。每完成一个小目标，你的信心就会增添一分。即使不幸落败，你也不是满盘皆输，还能从头再来，继续成功路上的长跑。

设置胜任系数，准确评估各人的工作成效

深度思考

a. **让员工感到不公平的奖惩制度，一般有哪些特征？**

b. **如何才能比较全面、客观地评估团队成员的工作表现？**

c. **领导者在评估员工的表现时应该注意哪些细节？**

深度执行有个前提条件——所有人都能胜任自己的岗位。然而恰恰这一点极难做到。因为每个员工的工作成果数量、成果质量、工作时效性、对团队的贡献大小、人际关系处理等因素存在明显的差异。任何一个因素发生变化时，都可能让领导者判定该员工不能胜任当前工作。

为了打造深度执行力，领导者有必要为每个岗位设置“胜任系数”，准确评估每一位执行者的工作成效。胜任者应当得到更多的激励，不能胜任者需要鞭策、特训甚至调离。领导者能否全面、客观、公平、公正地评估员工的表现，对维持团队健康发展起着决定性的作用。

1. 让员工感到不公平的做法

不恰当的奖惩会严重挫伤员工的积极性，导致团队执行力大打折扣。为避免不公平的做法，领导者必须避免以下误区。

◎表面上强调考评重实效，但奖励的是那些看似最忙但效率低下的人。

◎要求高品质的工作成果，却没有给出足够的工作时间，导致员工因难以完成目标而得到差评。

◎要求员工对公司保持忠诚，却没有善待最优秀、最忠诚的员工。

◎对真正的实干家视而不见，却多次奖励那些只会空谈而没有实际成果的人。

◎要求员工发扬个性，却处罚那些敢于推陈出新的人。

◎号召员工勤俭节约，却把资源投给那些屡屡花光最大幅度预算的人。

◎号召大家养成团队合作精神，却为了奖励团队中的某个人而牺牲其他团队成员的正当权益。

◎表面上说要建立创新型组织，却严惩敢于创新的失败者，厚待墨守成规者。

这些不公平的现象曾经发生在无数失败的团队身上，还将继续存在于社会的每个角落。领导者若不能坚持以公平公正的态度对待员工，就会失去人心，失去威信，最终让整个团队变成一盘散沙。

2. 避免评估争议的对策

绝对的客观公平是不可能的，但我们应该尽可能地充分考虑多种影响因素，尽可能地保持相对公平。要想准确地评估每个执行者的工作成效，除了使用多种科学的绩效考核工具外，还应该做一些更细致的工作。

（1）坚持公正评估四原则

领导者应当始终坚持以下公正评估四原则。

①奖优罚劣

有些领导者出于私心，或害怕得罪人，往往不会重罚表现不佳的员工。为了照顾平庸者的情绪，会暗中减少对表现优异者的奖赏。这种做法必然会挫伤奋斗者的工作热情。

②信赏必罚

如果领导者的奖惩标准只停留在一纸空文上，就不会有人愿意去提高执行力。想让员工做到深度执行，领导者应该先严格执行自己定下的所有规矩。

③多肯定员工的贡献

我们永远不要忘记肯定员工的贡献，无论大小都要予以肯定。因为这是他们工作热情的根本来源。物质激励或精神激励都行，应让员工充分感受到组织的尊重与重视，让他们真正视自己为团队的主人翁。

④不以老眼光看人

不能因为曾经的错误而否定员工做出的实绩。领导者应该宽容地对待员工的错误，鼓励他们发奋雪耻，因为一视同仁才能得人心。

（2）考核前进行培训

大多数领导者都不会有意识地在考核前进行培训。考核前的培训对准确评估员工的表现很重要。因为参与考核的人经过培训后才能完整了解各项考核指标的意义，学会按照规范的流程进行评估工作，减少不必要的失误。

（3）面谈伴随着考核始终

绩效面谈在评估中起着举足轻重的作用。它能把评估结果有效地反馈给考核对象。绩效面谈应该从头到尾穿插在整个评估过程中。领导者应以平等的态度与考核对象进行沟通。多看未来发展，少追究旧账。

（4）完善考核申诉机制

考核申诉机制是确保评估公平性的最后一道防线。当员工对评估结果有异议时，领导者应当允许他们按照考核申诉流程提出异议，还应对申诉内容进行保密，从而维护员工的正当合法权益。这样才能让员工相信规章制度的权威性和评估结果的公正性。

执行经验充电站

最重要的是找到合适的工作

很多人找工作只看公司的名气和待遇，而没有考虑过自己能否胜任这个岗位，能否融入该公司的企业文化。要找个理想的工作确实不容易，大部分人做的工作跟自己本身的专业或兴趣爱好是不一致的。但最重要的是找到适合自己的工作。能够发挥自己能力长项的工作，就是合适的工作，这样的工作能够让人实现自我价值。假如你没有根据自身的特点来选择合适的工作，就很容易失去工作热情，受挫的可能性也更高。此外，公司在用人时也要考虑岗位匹配度，减少不必要的人才浪费。

第五章 提高团队效率的深度工作法

合适的人才，清晰的战略，合理的流程，这些都是实现深度执行的重要保障。但要有效提高执行力，还得从提升全体执行者的个人效率入手。执行者的个人工作能力越强，越有利于组织达到深度执行的境界。团队成员的思考速度、收集信息的效率、制定工作规划的能力、处理事务的能力、学习专业知识的能力，决定了其个人工作水平的高低。不从这些方面锤炼自己，做人做事缺乏深度，组织团队也难以进步。

提升思考速度，深入挖掘真相

深度思考

a. 常见的不良思考方式有哪些？

b. 如果我们不了解答案，该怎样寻找答案？

c. 如果我们不熟悉该领域，应如何思考？

要想提高个人的工作效率，首先得提高思考能力。思考能力 = 思考速度 × 思考深度。所谓思考速度就是我们常说的“脑子转得快”，思考深度就是“能透过现象看本质”。当执行者的思考能力有所提升时，工作效率就会大幅度提高。

在现实工作中，人们往往会受困于不良的思考方式，具体表现为思路狭窄、思虑不周、认识肤浅、目光短浅等。要想成为出色的执行者，除了舍弃不良的思维方式外，还应该采用合理的思考方法，深入挖掘真相，找出解决问题的对策。

1．两种糟糕的思考方式

“必须式思维”和“随便式思维”是两种最糟糕的思考方式。

毫不夸张地说，我们的失败十有八九拜它们所赐。

必须式思维的核心是要求自己必须成功，带着人定胜天的信念勇往直前。这看起来非常励志，实则是一种认为自己无所不能的傲慢。它把失败的原因完全归于个人的努力不够，而不考虑环境形势、历史进程以及他人的帮助的综合影响。

持必须式思维的执行者认为“必须成功”意味着“不许失败”，把失败视为“绝对不应该发生的事”。他们像蛮牛一样猛打猛冲，徒有百折不挠的刚毅，却没有痛定思痛的智慧。一旦受挫，也只会红了眼地拼命撞南墙，不达目的不罢休。直到气尽力竭，都不知道自己因何失败。

如果说持必须式思维的人在责任感方面还有些许可称道之处，持随便式思维的人则可以说基本没有什么责任心。把一切当成游戏，只凭自己的个人偏好和兴趣做事，不肯对过程和结果负责。他们总是千方百计地回避压力，不肯踏踏实实、认认真真地干活。这种无所谓的态度最终会让人徒劳无功，而且还会给其他人带来很多麻烦。

2. 学会假设性思考和零基础思考

假设性思考不是什么高深莫测的东西，其实我们每天都会做无数次。比如等电梯的时候发现电梯在多层都停过，你就会根据经验来假设电梯里可能挤满了人。这就是假设性思考。只是因为假设性思考太不起眼，所以才被忽略。

人人都在做假设性思考，经验丰富且懂得相关知识的人，往往能做出更加贴近真相的假设。更重要的是，他们会根据新信息来修正自己的假设，反复验证之后才确定最终结论。但一般人只是停留在初始假设阶段，没有去认真验证，就直接把自己的假想当成结论，于是错误率居高不下。

零基础思考并不是说让一个什么都不懂的人从零开始思考，而是学会暂时放下既有的经验和想法，从新的角度思考问题。即使这是你擅长的领域，每一个项目任务都有自己的特点，也需要你结合实际情况来处理。

大多数人容易被以往的成功经验束缚，没能及时注意到事物的变化。忽视新问题，可能使你在你意想不到的地方遭遇挫折。优秀的执行者每次开始新任务时，都会从零开始思考，全面深入地认识手头的工作，更好地完成目标使命。

执行经验充电站

带着疑问去思考

所有人的工作都不是一帆风顺的，前方必然会有重重阻碍等着你排除。不动脑筋地执行，即使力度再大也只不过是蛮干而已。深度执行要求人们手脑合一，在做的时候就要带着疑问去思考，逐个解决问题。需要注意的是，你提出的疑问应当高度概括，不可不着边际。那会让你陷入迷茫，同伴也不知道应该如何协助你。更重要的是，你要学会对疑问的真实性提出质疑。有些疑问确实抓住了人们忽略的核心问题，但有些疑问只是你自己功夫不到位，根本构不成问题。正所谓，学而不思则罔，思而不学则殆。

掌握高效收集信息的方法

深度思考

a. 我们应该从哪些渠道收集信息？

b. 应该采信哪些信息？

c. 搜集多少信息才合适？

工作效率低下的一个重要原因，就是执行者不善于整理信息。既无法搜集到足够且准确的有用数据，又不能充分利用自己掌握的数据。无论你多么有干劲，信息掌握不充分、不准确的话，就不知工作该从何处着手。如果能从以下方面改变自己的工作习惯，你的工作效率和执行效果都会获得进步。

1. 获得信息的常见渠道

当你掌握的信息是错误的时，工作越努力，失败就会越惨痛。能否获得准确的信息，首先取决于寻找信息的方法是否合理。我们通常可以从以下渠道获取信息。

（1）面谈

◎一对一深度访谈

◎座谈会式访谈

◎街头定点调查

◎拜访面谈

◎邀约面谈

（2）远程询问

◎网页调查问卷

◎电子邮件问卷

◎电话询问

（3）网上搜索

◎政府机关网站

◎专业学术网站

◎专业论坛

◎在线图书馆

◎网购书籍资料

（4）实地考察

◎观察消费者行动

◎跟踪事件线索

这些搜集信息的渠道在成本和效率上存在差异。有的方法可能不适合本次任务，但在另一个任务中能发挥作用。不同的方法采集的数据往往存在差异。所以，执行者应该根据具体情况来选择利于高效执行任务的调查方法。

2. 尽可能找一手信息

很多人对“事实”缺乏准确的认识。当我们从报纸或网络上看到一则新闻时，会下意识地认为它讲述的是事实，其实不然。这只是经过加工的、掺入了第三者意见的二手信息。二手信息的价值永远低于一手信息。

严格来说，二手信息只能算是观点，不一定符合事实。事实永远藏在一手信息中。为了掌握一手信息，我们应该高度重视原文资料和现场勘查。这样有助于我们发现二手信息中没有提及的内容。

3. 分清“意见”和“事实”

所谓“意见”指的是人们的主观看法，比如，“我认为……”是和“我估计可能会……”表达的都是带有主观性的“意见”。所谓“事实”指的是事物的客观情况，此类信息一般是可以直接采信的。意见是否符合“事实”，必须经过确认才能做判断。

无论是一手信息还是二手信息，都是由“意见”和“事实”组成的。执行者常犯的错误是把“意见”当成了“事实”，从而产生误判。我们在整理所得信息的时候，一定要注意区分意见和事实。

4. 信息并非越多越好

我们在搜集信息的过程中会付出相应的时间和精力。搜集的信息越多，对事实的了解就越准确，制定的解决方案也就越完善。不过，只要搜集了一定程度的信息就足以推动决策了。搜集过多的信息无异于画蛇添足，只是在白白浪费时间和精力。

此外，信息搜集过度可能会导致人们的思维变得僵化。人们在刚接触新问题的时候，会有很强的好奇心。这种好奇心激励自己不断学习新知识，产生新创意。而对某个领域的一切了如指掌的人，很难产生新点子。

他们过于熟悉现有的庞大知识体系，被大量“常识”束缚了头脑，不知道怎样突破条条框框去开辟新领域。因此，我们在形成创意后，就可以停止继续搜集信息了。接下来最重要的是专注于执行。

执行经验充电站

坚持以事实为依据

解决问题从了解事实开始，推陈出新也要从了解事实开始，提高执行力还是从了解事实开始。坚持以事实为依据，是深度执行的最基本要求。不怕出现问题，就怕执行者不能实事求是，企图通过自欺欺人来回避实际问题。有些员工能力很强，但做事太过依赖直觉。他们的成绩很容易出现大起大落的现象。如果人人都跟着直觉走，执行力看似很强，实则充满随意性。这将为整个团队的可持续发展带来更多不确定的风险。深度执行固然需要天才的敏锐直觉，但更重要的是踏实的作风。执行者应坚持从事实出发做事，而不是凭直觉和经验做决定。

准备工作完成概要，跟上级确认任务要求

深度思考

a. 什么是工作完成概要？如何准备工作完成概要？

b. 跟上级确认任务要求时，应该注意哪些问题？

c. 推行个人业务承诺制度，对提高团队执行力有什么用处？

"我真的清楚自己要做哪些工作吗？"每个执行者在开始工作前都应该这样问问自己。在任务要求未明确的情况下就急匆匆做事，并不会提高执行力，只会制造更多的麻烦。大多数领导者习惯口头交代任务，不会给执行者一个清晰的工作完成概要。我们应该仔细跟上级确认任务要求，避免出现因沟通不充分造成工作失误的情况。

1. 做好工作完成概要

领导者认为自己已经清楚地传达了任务要求，但执行者可能并没有真正理解上级想要什么样的成果。执行者掌握的信息远远少于领导者是造成理解差异的主要原因。为了减少由沟通不充分造成的

误解，我们应该设法让上级给出更清晰、更完整的指示，以便制作一个工作完成概要。

工作完成概要一开始就要明确最终目标、考核方式、达成方法、需要召开会议的时间、汇报进度的频率和方式、可以动用的资源、可以从上级那里得到的支持等细节。我们要反复跟上级领导确认细节，修正理解偏差，从对方那里得到更多的信息。

通过制作工作完成概要，每个执行者都能真正做到对工作心中有数，清楚自己下一步该做什么。为了更好地督促自己完成工作，我们可以借助 PBC 制度来提高自己的工作进度管理能力。

2. 用PBC制度加强自我监督

PBC 制度又名个人业务承诺制度，PBC 是个人业务承诺（Personal Business Commitment）的英文缩写。该制度的原理是：公司在确定总目标后，把任务分解到各个部门，各部门根据任务要求来设置部门目标，每个员工再根据部门目标来设置自己的 PBC 计划，对完成个人任务做出承诺。

PBC 计划通常以半年或一年为一个周期。我们在做出个人业务承诺时必须坚持团队利益导向，注明任务的权重和达成目标的标准。

（1）PBC 分类

PBC 总体上可分为业务目标、员工管理目标和个人发展目标三类。每一类目标针对的对象不同，对执行者的工作要求也存在差异。该分类同时适用于公司的高层领导者、中层管理者和基层员工。以下是这三类目标包含的主要内容。

①业务目标 PBC

◎关键指标 KPI（Key Performance Indicators，关键绩效指标）

◎关键任务衡量指标

◎业务目标对组织建设和员工管理的要求

②员工管理目标 PBC

◎年度计划中的人员管理

◎领导力素质模型

◎管理者岗位要求

③个人发展目标 PBC

◎回顾业务目标

◎确定目标完成后应该改进哪些方面的细节

◎设定新目标来提升自己的能力

（2）PBC 考察指标

领导者必须定期考察员工的 PBC，监督其目标执行的进度。考察内容包括业绩完成状况、工作计划执行力度和团队精神三个指标。在 PBC 制度中，业绩完成状况用“结果目标承诺”来表示，工作计划执行力度用“执行措施承诺”来表示，团队精神用“团队合作承诺”来表示。

①结果目标承诺

执行者承诺在考核期内必须完成什么样的绩效结果目标，以配合部门整体目标的执行进度。

②执行措施承诺

执行者要在完成目标的方法及执行措施等问题上与其上级领导反复协商，最终在所有执行细节上达成共识。然后把执行措施视为绩效考核评估的重要部分，确保结果目标能够彻底执行。

③团队合作承诺

执行者承诺与其他团队成员积极沟通、密切合作、相互理解、相互支持，保证团队内部人际关系融洽，保障团队绩效结果目标能顺利完成。

PBC 制度对执行者既是激励也是监督。通过定期或不定期地检查每个员工的 PBC 执行情况，领导者可以清楚地了解该人能否在最后期限之前圆满完成任务。员工本人也能明白自己是否兑现了工作承诺。假如这三项考察指标有一项不达标，领导者就得宣布 PBC 完成情况检查结果是“不合格”。

执行经验充电站

跟直接上级共享信息

无论哪个等级的组织，你的直接上级是你日常工作中最重要的角色。他们是组织的代表，对你有直接的管理权，直接给你分配任务。我们应该尊重自己的上级，并经常与之共享信息。让他们了解你的工作进展、行踪、掌握的情况以及遇到的困难。这对领导者合理安排团队工作有很大的帮助，对你自己也有利。不过，我们应注意不要让上级陷入穷于应付信息轰炸的窘境，告诉他们需要知道的和想要知道的信息即可。在汇报前要先理清思路，把信息整理清楚。

要事优先做，认清你的第一目标

深度思考

a. 人人都知道专注的重要性，但为什么大多数人很难一次专注做一件事？

b. 什么样的目标可以定性为“第一目标”？

c. 我们怎样才能避免把最重要的工作丢到一边的坏习惯？

有些领导者总是事必躬亲，每项工作必须亲自检查之后才放心。他们精通业务，比所有的员工都重视细节，甚至能提前发现很多别人未能察觉的潜在问题。他们像修理工一样滴水不漏地打磨每一个工作细节，故而被称为“修理工型领导者”。

这些完美主义者的标准太高，总是感叹找不到一个跟自己同样卓越的人。团队成员会因为经常达不到修理工型领导者的要求而感到沮丧，最后放弃努力，完全依赖领导者。这使得修理工型领导者陷入层出不穷的细节问题中，疲惫不堪。

为此，我们应该坚持要事优先做的原则，对工作进行合理排序，认清自己的第一目标，这样才能加快工作进度，避免因小失大。

1. 找出最重要的事

谁都没有三头六臂。但有的人可以把头绪复杂的多项工作处理妥当，有的人手忙脚乱却什么都没搞定。两者的区别在于有没有用正确的方法做事。

领导者必须认清一个事实——自己不可能面面俱到，在一定的时间内只能做好一件事。虽然你能同时铺开很多工作，但很难真正一心二用，只能做到依次逐个处理，做完一件事再做另一件事，否则脑子会被不同的信息搅乱。

为此，你应该弄清楚什么是组织中最重要的事情。你的工作跟组织的哪个价值目标有关？什么劳动成果对你的发展最为关键？在认真梳理之后，你可能会列出一连串答案，但一定要从中挑选两三项价值最大的活动。这就是真正能推动你和你的团队走向成功的最重要的事情。完成这一步是使用第一目标工作法的基础。

2. MIT工作法

外国管理专家把“你最重要的任务”（Most Important Task）简称为“MIT”。这就是你的第一目标，你今天的所有工作都会围绕它展开。准确地说，我们每一天的工作都是为 MIT 服务的。

如果你做了一大堆无助于实现第一目标的工作，那说明你弄错了事情的优先顺序，把次要工作放在了首要工作之前，这无疑将带来执行效率低下的恶果。掌握第一目标工作法，你会感觉工作更轻松。具体方法如下。

（1）设置第一目标

只要你找出了最重要的事，就不难设置第一目标。这个目标不能是泛泛的目标，应该是能精确量化的、可以执行的。比如，“加强团队建设”不能算是第一目标，“用10个月时间组建一个新的5人团队”才是合格的第一目标。

在设置第一目标后，明确哪些活动有助于实现它，然后把这些活动写入你的个人工作计划，并制定具体的执行步骤、执行时间、所需资源、评估标准等细节。请记住，无论你有多少活要干，优先做你的MIT，其他工作都往后靠。

（2）在工作中坚持唯一性原则

我们在执行MIT的过程中很容易被各种事情分散注意力。缺乏专注性是执行不力的一个重要原因。为此，当你处理MIT时，最好能切断手机、邮箱、社交媒体等信息来源（除非你的MIT是沟通和搜集信息），以便全神贯注于当天的MIT。这就是MIT工作法的唯一性原则。

你最好在每天设置两个固定的时间段，雷打不动地做MIT。每个时间段可以设定为90分钟或更长的时间，具体根据你的工作情况来定。在此期间万事不管，一心扑在MIT上。其余时间则可以用来处理MIT之外的工作。

（3）坚持善始善终原则

优先做最重要的事能明显提升你的工作效率。不过前提是你没有虎头蛇尾的恶习。有些人能力很强，也能较好地规划工作，明确自己的MIT，但偏偏不能做到善始善终。这也是执行力较差的一种表现。

善始善终是MIT工作法的另一个基本原则。为了实现这个目标，我们要学会拒绝一切跟MIT无关的消耗时间的活动。如果不是你非参加不可的事务，就要尽可能地推掉。否则你的时间和精力就会被占用，这会减少你对 MIT 的投入，让你付出牺牲执行效率的代价。

执行经验充电站

用表格管理每日工作

当一天工作结束时，我们可以回顾一下今天做的最重要的三件事分别是什么，然后将其记在一个表格中。明天要做的工作，按照主次排序，同样写在表格上。你设定的新目标、想到的新点子，只要是跟工作相关的内容都可以列入表格。这个表格不需要多么精美，越简明越好，重要的是将它放在你随时看得到的地方。它会提醒你不要搞错各项事务的优先等级，让你清楚自己的工作进程如何。表格管理法有助于提高你的执行力，但不容易坚持下来。为了做到深度执行，请你不要半途而废。

明确专业领域，在工作中持续进步

深度思考

a. 为什么有些人明明很努力，却始终没有进步？

b. 我们如何确定自己的专业领域？

c. 人们应该如何培养自己独特的竞争优势？

大家在生活中都见过这样的现象：有些人投入的时间和劳动力很多，却没获得多少成果。他们的失利很可能是因为踏上了一条失败之道——没有做“有价值的工作”。所谓“有价值的工作”，是指那些急需解决的、能找出明确答案的、能给组织创造效益的工作。只有多做“有价值的工作”，我们才能在工作中避免做无用功，获得持续进步。遗憾的是，很多执行者缺乏这个职业意识。

1. 明确你的专业领域

平庸的执行者做事过于看重个人兴趣，不考虑公司和市场的需要，这样自然无法创造太多价值。即使再努力，方向不对也难以取得成就。他们当中还有些人不喜欢面对压力，总是挑轻松的活干，这样更加无法获得成长。

不搞错奋斗方向，是优秀执行者的基本素质。首先应该锁定组织发展的核心问题，假如一时无法判断，就向上级领导或资深同事认真请教。明确自己的专业领域后，不要被工作的难易度迷惑，应该从最有必要找出答案的那个问题开始思考。

刚开始的时候，你可能还不知道该怎样解决，但不要急于求成。特别是不能大搞“这也做，那也做”的盲目尝试。还是应该坚持从问题出发，优先做最重要的事，定好目标再反复尝试，积累经验。持之以恒，必能提升价值。

2. 提升专业水准的行动方式

坚持做“有价值的工作”，可以让大家得到更充分的锻炼。如果想更快地成长为更优秀的人，我们在明确自己的专业领域后还可以采用以下行动方式来提升专业水准。

（1）专注

专注力的重要性不必赘言。你不光要克服执行过程中的注意力不集中问题，还应该从思考阶段就克制住“想要搞定一切”的冲动。不要盲目迷信自己的实力、潜力和助力，专注于最重要的优先事项，减少活动繁多的执行计划，全力以赴地做两三项影响力最大的行动。注意统计数据和反馈信息，及时发现执行过程中的偏差，以确保航向正确。

（2）整合

控制工作节奏是一门执行的艺术。刚开始的时候不要图快，要放慢节奏，稳下来。先了解目标任务的相关情况，多方搜集意见和建议，以求对工作内容有更全面客观的认识。每一个新的行动都会跟你原先的工作产生一定的冲突。你必须把用于原先工作的精力和时间分一部分出来。随着任务量的不断增加，你需要不断地把新旧任务整合到工作计划当中。合理分派优先任务和次要任务，依次解决它们，是你在这个阶段要学会的本领。

（3）拓展

经过长时间的积累，你已经熟悉了当前从事的专业领域，能够稳定输出优质成果。在这个阶段，拓展自己的能力和业务是你今后的成长方向。可以向上级主动请缨挑战一下新项目或者开拓新客户、新市场。尝试一下以前没有尝试过的东西（跟你的专业领域相关的），接触团队之外的其他优秀工作者，学习他们的独到之处。

（4）思考

快速发展是好事，但一味地快速发展可能会让我们忽略很多潜在的问题。我们有必要时不时放慢节奏，留出更多的思考余地。检查一下我们一直使用的流程、规章、工作模板是否匹配当前及将来的项目的需要，有没有降低效率、增加能耗的薄弱环节。需要成长的不止你一个人，还有其他团队成员以及组织结构等。这些都需要你多花时间深入思考。坚持思考的人，说不定能成长为未来专业领域的大师。

执行经验充电站

思考时间应该是读书时间的三倍

阅读是吸收知识最主要的途径。想在专业领域获得持续进步，就得提高自己的阅读量，多读好书。但很多人存在一个误区，只是读完一本又一本书，而没有留下太多思考时间。简直就是把读书当成打卡任务来做。这样的学习方式其实有很大的盲目性和随意性，很难让我们真正取得进步。麦肯锡咨询公司日本分公司的前社长大前研一先生建议读完书后再花三倍的时间来思考。假如你用一天时间读完了一本书，就用三天时间来消化吸收其中的知识，这样才能真正提高你的认知水平。

第六章 合理分配团队成员的时间和精力

无论是领导者还是执行者，所有人一天都只有 24 个小时，而且精力也不是无限的。把时间和精力花在刀刃上，才能以更少的投入取得更多的成果。对于执行者来说，时间管理相对重要一些。分配好每个工作环节的用时，是按时、按质、按量产出成果的必要保障。对于领导者而言，精力管理更为关键。避免将精力过多地浪费在琐事和效率无法提升的人身上，才能腾出更多精力去办真正能提高团队执行力和增加产出成果的事。

改变计时方式，抓紧每一分钟

深度思考

a. 既然都知道拖拖拉拉会降低工作效率，为什么绝大多数人还是会犯拖延症?

b. 要想加强时间管理，应该从哪些方面着手?

c. 如何确保自己能坚持执行时间管理计划?

时间管理就是合理地安排和利用时间。就算我们不吃不眠，一天也只有 24 个小时，单靠延长劳动时间来增加成果，潜力有限且后劲不足。如果能在工作过程中减少时间的浪费，就能有效提高生产效率。为此，领导者要重点关注以下时间。

◎正常工作时间

◎加班时间

◎迟到、早退时间

◎带薪休假时间

◎缺勤时间

◎休息日加班时间

◎调休出勤时间

通过统计上述各类时间，我们就能准确估算出每个执行者的时间利用率。这时候你会发现，时间之所以紧张，主要是因为效率低下造成的时间浪费。

1. 你的时间是怎样流失的

平凡员工跟优秀员工的一大区别是，其不善于利用时间。他们常常用 2 个小时来完成原本可以在 1 个小时内完成的事。只用“拖延症”来解释时间浪费的问题未免太简单粗暴。造成时间浪费的具体原因比你想象得更复杂。

（1）缺乏目的明确、步骤清晰的工作规划，想到哪里就做到哪里。

（2）工作能力差，分不清事务的轻重缓急。

（3）做事没有提前量，工作节奏缓慢，没给自己留足处理突发情况的预备时间。

（4）做事不专注，精力分散到过多事情上。

（5）工作态度消极，总是找借口来推脱该由自己负责的工作。

大多数员工或多或少都存在上述问题。这些毛病跟个人的能力、性格、态度、习惯密切相关，其中，习惯不好是最常见的原因。如果我们能改变不良的工作习惯，就能减少时间浪费，有效提高自己的执行能力。

2. 培养按时工作的好习惯

领导者在下达任务时要跟具体的执行者明确交代两件事：这项

任务的时限要求和超时的处罚标准。任何没有最后期限的任务，都会无限拖延下去。最后期限最好是由执行者自己承诺的完成时间，这样有利于培养他们的责任心。

为了避免工作超出最后期限，我们应该加强日常时间管理，养成以下好习惯。

（1）做好工作计划

根据自己的能力和状态来制订个人工作计划。把目标任务的每个分解步骤整理成明细的清单，规划好每个步骤所需的时间，明确自己每天要做哪些事。根据工作计划来提前准备好所需资源。

（2）从最难的事开始

我们经常说从容易的事情入手，但容易的事会让你缺乏紧张感，在不知不觉中浪费太多时间。不妨把任务清单上让你感到最棘手的事当成首要完成目标。这将迫使你全力以赴地工作，自然而然地提升做事速度。其实，只要克服了最棘手的问题，你就会发现剩余的工作变得很轻松。

（3）养成快节奏做事的习惯

不要用小时来计算你做每件事的时间，比较费时的工作用分钟来计时，简单的琐事用秒表来掐时间。改变计时方式会让你不由自主地产生紧迫感，减少拖拉现象。

快节奏工作能让我们在较短时间内完成更多的任务。尽可能地今日事今日毕，不留问题过夜。这样就不会因为前期积压工作太多而打乱自己制订的计划。

（4）留出弹性时间

如果工作时间过于紧张，你的精神就很容易疲倦，情绪更容易焦虑，注意力难以保持集中。所以，不要强迫自己在短期内完美地解决任务。合理安排工作计划，留出足够的弹性时间，我们就能有充分的余地来处理每一个意外变数，保持更高的执行效率。

执行经验充电站

方格时间管理法

准备一个笔记本，用一页纸规划当天的活动。利用笔记本的横线制作方格，每个方格代表一个小时，写上对应的时间点。然后整理当天要完成的工作，经过排序后估算每项工作所需的时间，然后将其逐一写下来。这样你就能清楚地看到每项工作应该在几点至几点完成。请在每个方格对应的时间段尽量专注做一件事。你不需要在所有的方格里都安排任务，也可以留下休息时间、充电时间和娱乐时间。你在执行过程中可能发现，完成任务所需的时间超出了预期，不要紧，根据具体情况调整方格即可。假如某些时间段穿插了一些不需要太长时间就能完成的小任务，不必专门设置方格，将其记在相关时刻的方格中即可。

精力就是一切，健康状态出效率

深度思考

a. 有人说“时间管理的终极秘诀跟时间本身关系不大”，这是为什么呢？

b. 人们每天的工作都很疲劳，怎样才能缓解疲劳呢？

c. 怎样才能实现工作和休息的平衡？

世界闻名的麦肯锡咨询公司有个理念：“不让员工休假的领导不是好领导。”靠加班来增加产出成果，只会导致员工效率低下。员工没法拥有更多的时间，只能付出更多的精力。但人的精力终究是有限的，不仅要操心工作，还要经营生活。

工作的直接目的本来就是维持生活。因为工作而牺牲了生活，不是一种健康的状态，难以做到可持续发展。深度执行力不可能通过把人当机器使用来实现，需要大家平衡工作与生活的关系。精力就是你的一切，没有健康的身心状态，就没有持续稳定的高效率。以下是几种平衡工作与生活的简明策略。

1. 了解自己

你可能只顾着扮演好职场中的角色，而忽略了自己的感受。静下心来好好回想一下，你的精力是怎样产生的？又是怎样消耗的？更重要的是，你要想想自己是个什么样的人，什么样的工作方式让你感到最舒适。

内向的人和外向的人喜欢的工作环境不同。如果领导者的安排与员工的需求不符，就会让员工感到不适，加速员工的精力消耗。只要改变了这种错位现象，你就会发现自己的执行效率得到了提升，你的员工也同样如此。如果团队中的所有人都能找到最适合自己发挥的工作方式，实现深度执行就指日可待了。

2. 明确自己的工作目的

当你感到身心俱疲时，好好想一想，自己为什么在做手头上的事情。这能帮助你回忆起自己的初心，逐渐找回被执行过程反复消磨之间的工作热情。重新唤起动力，你的心态会变得积极，抗压能力将成倍提升。

此外，保持平常心和保持积极性对于自我目标管理同样重要。我们应该学会把目标当成一种纯粹的期望，而不是在身后逼着自己拼命奔跑的恐怖事物。在面对压力时，要改变钻牛角尖的思考角度，以免滋生自我毁灭的情绪。

3. 做更少的决定

人们在做决定时往往伴随着高强度的思考活动。这是一个非常消耗精力的过程，甚至可能让你出现偏头痛、心慌、透不过气之类的状况。为了减少不必要的精力损耗，我们应该学会做更少的决定。

坚持让团队成员自己做他们理应负责的决策。取消无效的社交关系。做低风险决策时减少思考时间，尽快拿定主意，然后立即投入下一项工作，不再去想之前的决策。学会只做一次决定，不要朝令夕改。相信我，这会让你损失的精力成倍回归。

4. 保证休息

当因过度工作而身心俱疲时，你已经陷入了精神倦怠的不良状态。负面情绪和心理压力像滚雪球一样在你心中不断增加。即使你嘴上不承认，身体机能的衰退已经说明你不堪重负，难以继续精神抖擞地工作。

由于休息时间被你大量挪用，你的健康状况一直在透支。你逐渐失去了足够的心理调节能力，你的内心被负面情绪吞噬，你的思维方式也充满了负能量。这将使你在工作上越来越发挥失常，陷入急功近利或自我否定的恶性循环。

如果不及时调整，工作效率就会越来越低。好好休息是第一生产力。有精神了，头脑才清晰。体能充足了，执行力才能续航。

5. 锻炼

不要再拿“太忙了，没时间锻炼”做借口。你其实没有自己想象得那么忙。即使日程排得满满的，也总能挤出一些碎片时间做一些简单的运动。更重要的是，当你下决心每天抽出整块时间锻炼身体后，会发现平时困扰你的酸胀疼痛大大减少了，头脑比以前更清醒，人也更有精神，承受压力的能力也更强了。这种状态下的你比身心俱疲的你执行效率更高，能更快完成计划中的工作。然后，能用于锻炼的时间又增加了，这样就进入了良性循环。

执行经验充电站

控制好下班时间

为了把握重要的机遇，我们有时候需要加班加点来完成工作。但这只是权宜之计，不应该变成一个日常习惯。深度执行不是片面追求工作进度，而是要求执行者平衡自己的工作和生活。如今有不少有为青年因过劳而提前倒下。没有健康的身体，就不能长久保持高效工作。优秀的执行者应该学会精确规划自己的工作时间。如果没有天大的紧急情况，那最好还是按时下班，不要想着再工作半个小时后才回家。因为不按时下班不仅耗费了时间，而且对于工作效率的提升也毫无帮助。说到底，还是时间管理能力不足的表现。

根据团队成员的特点分配管理精力

深度思考

a. **一个团队中通常有哪些特点不同的角色？**

b. **不同类型的团队成员各需要领导者付出多少精力？**

c. **怎样做到根据团队成员的特点来合理分配管理精力？**

不同类型的团队角色，天然容易产生摩擦。领导者不能只给每个团队成员设定目标，还应该为他们提供更广阔的组织层面的视角，主动帮助他们与其他队友甚至其他团队建立联系。从根本上说，保持团队内部的密切联系，减少人际关系造成的摩擦，都离不开领导者的协调职能。

员工的价值观和需求各不相同。如果不能准确把握其特点，领导者很可能劳而无功。你必须弄明白一件事——那个人是否值得你投入这么多的时间和精力。这对合理分配领导者的精力十分重要。

我们接下来讲一讲八类员工的管理要点。

1. 模范型员工

模范型员工的能力、效率和积极性都是团队的楷模。不需要领导者督促就能独立完成任务，并给出令人惊喜的成果。他们还常常主动帮助其他同伴，从而提高集体的工作效率和质量。领导者应当成为模范型员工的坚强后盾，赋予其较多的自主权和宽松的工作环境，他们提供想要的一切资源。在必要时替他们扛住压力，让他们没有后顾之忧地往前冲。

2. 潜力型员工

潜力型员工虽然还有某些不成熟之处，但成长潜力很大。领导者要扮演好潜力型员工的导师，为其制定职业生涯规划，万万不可扼杀他们的成长机会。因为潜力型员工雄心勃勃，不会一直待在较低的岗位上，一切努力都是为了争取更好的发展机遇。当他们熟悉业务后，领导者可以考虑把他们逐渐培养成自己未来的接班人。

3. 两头冒尖型员工

两头冒尖型员工的工作能力很强，但也经常制造麻烦。所以其他人往往不喜欢他们，也不愿意与其搭档。领导者不得不经常替两头冒尖型员工收拾烂摊子，但又不能每次都这样做。因为那会阻碍他们的成长。

你要让两头冒尖型员工意识到自己给别人造成了多大的麻烦。向他们展示有说服力的证据，给他们寻找一个合适的榜样，教会他们怎样处理自己留下的麻烦，怎样减少跟同伴们的冲突。

4. 依赖领导型员工

依赖领导型员工可能是个优秀的被动执行者。你的一切指示都会被他们很好地完成。但他们缺乏独立思考的精神，无论大事小事都向你请示，不敢自己做决断。久而久之，你会意识到他们耗费了你太多的时间，你的大半精力花在了他们身上，以至于无法开展更多的工作。毫无疑问，你的效率被依赖领导型员工降低了。

你要做的是帮助他们摆脱对你的依赖，让他们学会独自完成工作。你要教会他们一切独立工作所需的技能，然后限定他们向你请示的时间和次数。所有的措施都是为了给你自己腾出更多宝贵的时间。

5. 精力分散型员工

精力分散型员工对工作充满了热情，热衷于提出各种奇思妙想。他们能完成自己的工作，同时又会去尝试自己的想法。遗憾的是，精力分散型员工的想法往往跟主要任务无关，也缺乏可操作性。当他们做额外的事情时，其他人将被迫增加工作量。更麻烦的是，大家发现与他们争论不如直接替他们完成工作省事。

结果，其他人的工作效率因此受到拖累，而精力分散型员工对此毫无自觉。领导者必须明确他们的工作描述和核心职责，检查他们在执行过程中存在的问题，严格督促他们完成主要工作。

6. 圆凿方枘型员工

圆凿方枘型员工一直在努力，但总是掌握不好工作技巧。你不得不反复指导其工作，并且每次都得仔细检查其工作结果，然后亲手更正所有的错误。大家经常向你抱怨：圆凿方枘型员工总是犯错或制造其他麻烦，拖累其他人的工作进度。

领导者应该成为一个耐心的职业教练，在一段时间内强化训练他们，看看是否有效果。假如还是不行，你就得考虑这个岗位可能真的不适合他们。其实，圆凿方枘型员工并不是资质太差，只是水土不服而已。只要你帮助他们找准自己的位置，他们就可以成为受人尊敬的优秀执行者。

7. 懒惰型员工

懒惰型员工本身是有能力的，只是对工作缺乏责任心。他们喜欢对别人的工作指指点点，却很少认真完成自己的工作。如果他们肯下决心行动起来，说不定会成为两头冒尖型员工或者潜力型员工。

管理这样的员工，最重要的是断绝其偷懒的退路。让他们意识到自己的成长潜力和不好好工作的严重后果，然后给他们制定一个完整的职业发展计划。如果懒惰型员工还是不按照你的要求做，就不能再纵容他们，必须兑现你承诺的“严重后果”。

8. 躲避工作型员工

躲避工作型员工既不会给团队制造麻烦，也不会做出多少贡献。即使领导者单独找他们谈话，也不能激发他们的工作热情。你会觉得与其耐心指导他们工作，还不如换人来做或者自己动手。

躲避工作型员工一直在想办法混日子。领导者要做的是不让他们躲避工作，告知其具体的目标和完不成目标的责任，定期检查并给出书面指示。如果他们依然没有改观，那就适时将其调离自己的部门团队。

执行经验充电站

把时间和精力用在对的人身上

当领导者为团队成员提供了设备、物资、薪水、时间和精力之后，员工们却没有做出令人满意的成果，这无疑是让领导者头痛的问题。在很多情况下，工作效率低下可能跟领导者投入力量的多少无关，而跟投入力量的分配方式有关。领导者可以通过评估团队成员的产出成果来弄清每个员工的实际贡献水平，即弄清哪些员工是团队中的顶梁柱，哪些员工的表现配不上工资。这些反馈信息能帮助我们改进团队的管理细节。从某种意义上说，深度执行就是减少所有的无效投入，把时间和精力用在对的人身上，这样才能事半功倍。

集中处理琐碎的事，执行效率更高

深度思考

a. 琐碎的事情是怎样降低人们的工作效率的？

b. 直接忽略琐碎的事情就能提高工作效率吗？

c. 琐碎的事情如此分散，怎样才能做到集中处理呢？

尽管人人都知道应该先做重要的事，但在实际工作中总会被各种各样的琐事干扰。比如，上级突然安排新的任务，你的部下询问某些业务问题，客户用电子邮件发来了你需要的资料，还有一些来自其他部门同事的工作留言等着你回复。

很多执行者会被这些不知道什么时候会出现的琐事打乱节奏。越是想尽快处理完琐事回到主要工作上，就越是手忙脚乱。事没做几件，一眨眼就到了下班时间。人们每天为这些琐事焦头烂额，但不会因此在绩效考核时得到高分。如何高效处理琐事，也是深度执行的一个重要课题。

1. 坚持集中处理原则

琐事具有分散性和不确定性，不会固定在某个时间、某个地点出现。每次一出现琐事就马上处理，并不是明智之举。因为这会让你的时间碎片化。而且你处理琐事的实际用时总比你预期的更多。

更糟糕的是，你一旦分心去处理琐事，大脑就不得不切换工作内容。等你回到原先的工作时，它又得再转换一次思路，严重消耗你的精力。

实践证明，集中处理琐事才是最有效的办法。琐事出现时，可以先把它们暂时搁置到一边，继续做你今天最重要的工作。这样做可以保证你有整块时间专注于要事。重要工作完成后再集中处理琐事，这样你的大脑只是在不同的任务之间切换了一次，消耗的精力会少很多。

2. 及时记录琐事

集中处理原则能让你更加省力，但前提是你还记得自己有哪些琐事待办。有些执行者对自己的记忆力过于自负，没有及时把事情记录下来，等到有时间处理时就忘了。这个习惯会让别人觉得你粗枝大叶、做事没有条理，不是个可靠的人。

为了避免忘事，我们应该养成及时记录琐事的习惯。尽量在第一时间简单记住具体的事、需要对接的人、相关的要求等情况。这有利于保证你准确地记住所有待办事项的要点。注意！你只要做随手记录就好，千万不要去思考它，记完就把琐事丢到一边。

等有空的时候，你再把所有的琐事进行归类整理，然后一并处理。根据记录来甄别哪些是真正需要你处理的琐事，哪些是不需要你处理的琐事。如此一来，你就能更好地区分事情的轻重缓急，减轻自己的工作负担，也不会因为忘事而得罪其他人，或者耽误别人的工作了。

3. 集中处理琐事的最佳时间

用整块时间集中处理琐事比分散处理琐事的速度快得多，但你要选择合适的时间段来进行这项工作，否则还是会影响当日主要任务的进展。因为琐事无处不在且随时可能冒出来，所以你不宜在早晨上班后处理琐事，免得中午、下午或者晚上又有新的琐事，又要腾出时间处理。

华为的工作人员经过实践总结后认为集中处理琐事的最佳时间在下班前后。尤其是下班前后的 10 分钟，堪称处理琐事的黄金时间。人们在这个时间段通常已经完成了主要工作，进入相对清闲的阶段。而且下班时间将近，今日累积的琐事基本上不会再增加。集中精力将其处理掉，就不用留问题过夜，下班回家也会心情轻松。

执行经验充电站

完美主义精神要适度

没有完美主义精神，企业就不会向前发展，团队执行力和个人的工作效率就无法提高。但物极必反，过度的完美主义精神同样是深度执行的一大阻碍。有些自认为是完美主义者的领导者或员工，喜欢把每个细节都做得完美无缺。结果把很多时间和精力都花在了无关紧要的琐事上，真正重要的大事却一再拖延。他们总是以追求完美为借口替自己开脱，但这恰恰说明其执行力较弱，不能按时做出成果。连基本的贯彻执行都做不到，更别提更高层次的深度执行了。

第七章 以保障精细作业为过程管控的立足点

深度执行不能只停留在增加产出数量的层面，还应该在工作质量上有所突破。精细作业是深度执行的努力方向，但这需要所有环节的所有执行者认真做事、默契配合。如果没有严密的过程管控，就无法完成精细作业。领导者在指派任务的时候，就应该注意工作安排是否合理。每个执行者都要设置可控的工作阶段里程碑，以保证每个环节都监控到位。恰当的问责制度和事后回顾总结，都对改善过程管控有所帮助。但要注意以人为本，不可过分苛责。

深度执行，“质”比“量”更重要

深度思考

a. 为了完成目标而通宵达旦地工作，真能提高生产效率吗？

b. 为什么说领导者应该摒弃只追求增加产出成果数量的思路？

c. 怎样才能比较准确地评估“劳动的质量”？

执行效率不应该单用数量来衡量，更要看质量。按照深度执行理念，做得多不等于效率高。加班加点可以增加产出成果的数量，耗费更多资源也能增加产出成果的数量，改进工作方法同样能增加产出成果的数量。但前两种思路只是“做得多”，完成任务的成本也随之上涨，远远谈不上“做得好”。

通过高效的工作方法来减少浪费和加快速度，才能在数量和质量上都取得突破，这才是“做得好”。只是“做得多”并不会给企业增加效益，只有“做得好”才能达到这个目标。对于深度执行而言，“质”比“量”更重要。所有的执行者都应该树立“做得多”不如“做得好”的观念。

1. 改变观念从领导者做起

领导者都喜欢宣称：工作成果既要讲数量，也要讲质量。但真到绩效考核的时候，还是以绩效的绝对数量来评价员工的工作能力。说到底，他们骨子里还是“做得多”的思路，至于产出成果的质量只要达到一般水平就满足了。

即使他们真的要求员工提高产出成果的质量，也不会改变当前以追求生产数量为中心的工作方式。只是变相逼着员工在正常上班时间外继续加班。仿佛不加班就是不努力，不加班就等于效率低下。持这种观点的领导者完全没有意识到，自己已经成为提高团队效率的最大阻碍。

埋头苦干的方式不仅难以持久，创造的效益也不会因为产出成果数量的增加而增加。团队成员加班加点已经疲惫不堪，领导者不查明情况就主观臆断地认为是团队执行不力的过错，于是又加大了对执行者的催促力量。这样的恶性循环对团队的稳定和生产效率的提升都没有好处。

想让团队真正脱胎换骨，领导者首先应该转变自己的观念，重新认识“效率”的真谛。当员工通宵整理出你要的资料时，你不能再只是肯定他们的工作，因为这等于是在鼓励他们以不顾生活和自身健康的方式工作。你应该问清楚员工使用的工作方法，计算出他们实际的效率如何，不要再被表面上的进展速度迷惑。

就这样，从一个个工作细节着手，逐步改变以追求数量为导向的绩效评估机制和人才培养制度，不再鼓励通过加班增加产出结果的行为。这样才能让大家从注重成果数量转变为注重成果质量。

2. 把提高效率作为衡量员工成长的标准

当你的员工变得越来越优秀时，团队离深度执行的境界也就越来越近。为了促进员工的成长，领导者应该把提高效率作为衡量员工进步程度的标准。人才的成长是一个循环过程，具体包括以下四个阶段。

阶段一：员工能做到以前无法做到的事情。

阶段二：能用更短的时间完成以前需要耗费大量时间才能完成的工作。

阶段三：在付出相同的时间后，取得了比以往更加出色的成果。

阶段四：能利用生产率提高后省下来的时间挑战现在做不到的事情。

当第四阶段达成目标后，员工就自动进入新一轮循环的第一阶段。不过，人们在工作中很容易遇到瓶颈，卡在某个阶段迟迟无法前进。特别是在以追求数量为导向的工作环境中，几乎很少有人能真正提升效率，只能靠投入更多的时间和精力来弥补效率上的不足。

因此，领导者在管控项目进程时，应该在员工成长的每个阶段提供必要的帮助，促使他们的工作效率不断提升，工作方法更加精细化。这种以提高效率和质量为导向的管理方式，真正体现了深度执行的本质。

执行经验充电站

开会效率低，执行效率也低

会议是团队沟通协作必不可少的程序。但很多执行者不喜欢开会，觉得那是在浪费时间。这本质上是因为很多企业的开会效率低下，挤占了大量本可以用来加快任务进度的工作时间，造成执行效率进一步下降。但是，单纯缩短会议时间或减少会议次数并不能提高效率，因为“开会效率低下”和“开会时间过长”是两码事。如果真正可以解决问题，那开会时间再长也是有意义的。领导者真正需要改进的是明确会议讨论的议题，严格按照合理的流程开会。如果不开会就能达到沟通的目的，就没必要兴师动众地招呼大家开会。

指派任务前必须做的自我检查

深度思考

a. 为什么领导者很容易给员工指派过多的任务？

b. 领导者在指派任务的时候常犯哪些错误？

c. 如果领导者没有明确任务责任，可能会造成什么样的结果？

指派任务看似是简单的事，其实也是一门学问。不少领导者对此认识不足，只是把自己想要达到的目标告知员工，然后只要结果而不管过程。这种简单宽松的管理方式并不代表他们对员工真正信任，只是把工作丢给部下而已。

等到他们检查工作进展时会发现，员工们没有达到自己的预期目标。不是进展缓慢，就是细节粗糙，或者根本就走错了方向。领导者不得不花费更多的时间来催促众人完成工作，然后抱怨员工的执行力差。殊不知错误的根源可能在领导者自己身上。接下来的自我检查能帮助领导者认清自己在指派任务环节是否存在失误。

自检一：指派任务时有没有明确结果

你只是给员工提供了一个方向，根本没有明确你究竟想要什么样的成果。你的要求过于笼统、含糊、不着边际，员工不明白这项任务的意义，也不知道衡量成果的标准。他们只能凭着感觉和经验来猜测，不断试错。由此导致执行力下降也在情理之中。

迷惑不解的员工会经常向你请示具体要求，你不得不追加补充说明。假如你觉得没必要交代清楚，他们只能继续在疑惑中边猜边做，屡次走弯路。他们要想达到你的期望，多半得靠运气。因此，领导者在指派任务时要明确结果，给“怎样才算成功”下一个定义。把结果说清楚，然后把过程交给员工，双方都轻松。

自检二：指派任务时有没有确定最后期限

领导者常犯的另一个错误是指派任务时没有确定最后期限。对于员工而言，最后期限明确的任务是需要优先完成的，没有明确期限的任务可以往后推。如果你觉得这次指派的任务很重要，就该告诉员工要优先执行，并约定期限。

我们在给员工设定最后期限时应该注意以下六个问题。

◎员工是否存在其他急需优先完成的任务？

◎员工是否需要他人提供支援？

◎团队中的哪些成员能为相关员工提供支援？

◎员工是否明白完成任务所需的全部步骤，并且与相关人员做过沟通？

◎员工能否避免被他人要求同时完成计划外的其他任务？

◎员工以前设置的最后期限能够为本次行动提供什么样的经验教训？

自检三：指派任务时有没有确立执行者的责任

一个人没按时完成任务，会影响其他人的工作进度。一个部门没有按时实现目标，公司的战略规划可能会落空。领导不仅要给每个执行者设置明确的最后期限，同时还要明确每个执行环节的责任。

你已经说清楚了期望的成果和最后的期限，但在监督过程中发现员工没有及时向你汇报问题，直到问题变得不可收拾时才传入你的耳中。你抱怨员工的责任心太差，可是人在责任不明确时本来就没什么责任心。如果你在指派任务时把责任具体到人，公示奖惩标准，就能改变这种不利局面。

执行经验充电站

找出必要的，去掉剩下的

找出必要的，去掉剩下的。这种工作思路对高层领导者和一线执行者都适用，也契合深度执行的内在要求。深度执行是通过盘活整个组织系统来提高执行力的高效管理工作法，要从方方面面改进执行细节。头绪繁多，不能不以简驭繁。我们平时不假思索就做的事，也许恰恰是那些降低工作效率的“剩下的”。若能剔除这些缺乏价值的事，我们的资源和时间就能被更充分地利用，不至于产生太多不必要的浪费。通过自我检查来找出必要的事，只做必要的事。这样，既能提升效率和效能，又能减轻每个执行者的工作负担。

设置可控的工作阶段里程碑

深度思考

a. **为什么很多企业只重视结果考核而轻视过程管理？**

b. **我们怎样做才能加强对工作流程的控制力？**

c. **在工作流程的不同阶段设置“里程碑”，是否会增加执行者的工作量？**

在许多领导者看来，只要结果而不问过程的管理方式最为方便。把“怎么做”的问题丢给员工自己去想，不需要领导者去操心执行细节。有些员工不喜欢被管束太多，也希望采用这种自主决定权更多的工作方式。但这种方式表面上看两两相便，实际上隐患多多。

深度执行理念认为，结果管理和过程管理同样重要。松懈的过程管理会让执行者浪费更多的资源，难以按时完成工作，并且增大失误率。加强对工作流程的控制力，减少因工作不到位造成的返工和资源浪费，对提高团队的执行效率有显著效果。

1. 始终关注执行过程

事无巨细地插手具体事宜，是越俎代庖的行为。但完全当甩手掌柜，等于放弃了过程管理。上至领导者，下至每个员工，都应该在工作中抓好过程监督，从头到尾始终关注执行流程。这样才能有效推进工作，及时发现和解决问题。

为此，我们应该明确项目任务的起止日期、资源需求、约束条件、可能造成提前或滞后的原因。在此基础上制订工期计划，确定各阶段的时间目标，合理分配每个步骤的任务量。为每个单项任务制作月、旬进度控制图表，以加强对执行过程的监督。

当我们发现工作进度已经跟计划产生偏差时，应立即采取措施，调整原先的工作进度计划。重新分析完成任务的条件，改变某些任务之间的排列组合，或者缩短某些环节的持续时间，以确保新的工作计划能按期完成。

2. 制订里程碑计划

为了更好地掌控工作节奏，我们可以借鉴华为员工的里程碑计划。里程碑计划的原理是通过在工作的不同阶段设置里程碑的方式来精准控制每个关键环节。把你想到的工作中的必经环节都写下来，然后删减重复的内容，合并类似的步骤，之后用简明扼要的语言将其记录下来。每个节点就是你工作计划中的里程碑。

所有的里程碑都要明确起止日期，不同的里程碑应根据具体的工作需要来设定不同长度的工期。对于执行者来说，合理分配各个里程碑所需的时间是一个操作难点。这需要我们充分分析工作内容和作业条件，在反复尝试中不断积累经验。

需要注意的是，里程碑计划并不是要求执行者对每一个环节都进行监督，而是把里程碑的完成情况作为监督对象。里程碑计划把工作任务分解成了可控的多个阶段，通过检查各个里程碑的完成情况，我们就能精确控制项目的总体进度，确保完成最终目标。

里程碑计划让我们的过程监督工作有章可循，可避免在执行过程中用力过猛或用力不足，真正做到合理分配精力、时间和资源。所有的员工在各个阶段都全力以赴，每完成一个里程碑，就是一次阶段性胜利。当所有的里程碑任务达成后，团队全体成员就最终完成了整个项目。

执行经验充电站

牢记崔西定律

崔西定律是指“任何工作的困难度与其执行步骤的数目平方成正比。例如，完成一项工作有3个执行步骤，则此工作的困难度是9，而完成另一项工作有5个执行步骤，则此工作的困难度是25，所以必须简化工作流程”。尽管我们有必要在工作的各个阶段加强管控，但要注意避免因此导致工作流程复杂化，因为每增加一个执行步骤，工作难度就会成倍增长。提高管控力度与简化工作流程是一对矛盾。如果只考虑一方面，就容易陷入周期性的矫枉过正，把精力过多地消耗在左右摇摆的过程中，团队执行力必然严重受损。

精细作业，每个环节都要监控到位

深度思考

a. 为什么说工作规范化管理是做好精细作业的基础？

b. 领导者做项目监控时应该注意哪些环节？

c. 如何更有效地监控项目中的每个环节？

在团队规模小的时候，领导者还能亲自监督每个细节，确保所有员工都能做到精细作业。但随着团队规模的扩大和业务量的日益增加，再能干的领导者也不可能把控一切执行细节。当监督的力量无法覆盖整个组织时，精细作业就失去了有力的保障。

单靠一个或几个领导者监控整个流程，不是长久之计。要想打造具有深度执行力的组织团队，就应该设法做到全员互相监督。所有人都是执行者，所有人都是监督者。精细作业不留死角，要达到这个目标，离不开健全规范的制度。

1. 加强工作规范化管理

员工的工作方式存在差异，有的效率高，有的效率低，有的粗糙，有的精细。由此形成的员工个人执行力和工作成果质量都是参差不齐的。推行工作规范化管理是改变这一短板的有效手段。

所谓规范化就是工作模板化，把那些多快好省的高效工作方法变成人人都可以学会的标准化模板。各部门、各环节都应该形成一些规范的工作模板，尽可能避免各吹各调的重复低效劳动。

所有的团队执行者都根据从实践中总结出来的标准化的科学方法开展工作，按照规范化流程来处理每个执行细节。在严格的制度约束下，员工会逐渐培养出更强的责任意识和更严谨的工作作风。

在推行工作规范化管理的过程中，领导者免不了会遇到阻力。敬业的员工会严格按照要求锤炼自己，但懒散的员工可能一时改变不了不按标准操作的习惯。遇到此类情况时，领导者要严明赏罚，加强指导和监督，像打磨优质产品一样打磨有待成长的员工。

2. 每个关键环节都要监控到位

领导者应该把精力集中在大事上，没必要事无巨细地过问，但不可忽视对项目的监控。具体的琐事应由员工负责处理，但领导者应该做到对每个关键环节的监控到位。我们接下来以新产品流程监督为例，谈一谈项目监控的要点。

每个新产品都要经历多个环节的考验，走完复杂的流程后才能正式诞生。领导者对新产品的监督是从拟订新产品研发计划开始的。在完成对新产品功能的初步构思后，领导者要和员工一起对试制的产品进行严格的全面筛选，只有通过筛选的新产品才能进入具体的开发阶段。

到了开发阶段，公司会投入很多财力、物力，耗费大量时间来反复对新产品进行实验室测试。这个阶段的失败率极高，有些领导者顶不住压力就会半途而废或者退而求其次。但优秀的领导者不怕失败，会顶着压力坚持执行。

在开发阶段通过测试的产品还不能马上大量投产，先得经过大量的修改、调试才能进行小批量生产，进入新的测评环节。小批量生产的新产品通过测评后，还要进行中试。完成这个考验后，新产品才能正式大量投产，跟它的消费者在市场中见面。

领导者在项目监控的每一个阶段都不应该缺席，否则可能会让新产品在某段流程中出现问题，导致研发、测评、投产的进度拖延，进而给公司带来不必要的损失，让所有执行者的努力打水漂。只有做好项目监控，才能让精细作业产生效益，让团队成员获得成功。

执行经验充电站

简化流程不等于把工作减半

简化流程是提高效率的一个常见思路，但在实际操作中未必能达到目的。有些领导者把简化流程错误地理解为少做事，于是把团队的工作量减半。员工压力是小了，却也让很多工作的周期延长，很难按时完成任务目标。简化流程只是减少不必要的工作，必要的工作绝对不能减省。只有经过充分的调研，才能合理地取消、合并、重组或优化流程中的各个环节。此外，准备工作、执行任务和检查验证等环节是必不可少的。若草率地将其简化，很可能会给我们的工作带来很多难以预测的麻烦。

适度的问责胜过横加指责

深度思考

a. 为什么问责制度在实践中很难贯彻落实?

b. 团队领导者为什么会对众人皆知的糟糕情况一再纵容?

c. 怎样的问责才是“适度的问责”? 有何方法可行?

很多人在接到任务时喜欢抱怨。抱怨的理由包括但不限于时间太紧、经费不足、人手太少、难度太大、最近身体不舒服等。真正“不可能完成的任务”还是少数，大多数任务通过努力是可以完成的。但有些员工对完成任务缺乏信心，他们为了掩饰自己的胆怯和能力的不足，总是找借口。

当找借口变成习惯时，人就不再愿意挑战自我，做事喜欢避重就轻，也就无法在压力中获得成长。即使是能胜任的工作，他们也会越来越拖延。假如你想有效提高自己的工作效率，请先学会不找借口。加强问责制度是根治这种不良作风的最佳途径。

1. 为何有些领导者不敢问责?

团队领导者虽然手中有权力，但并非个个都是铁腕“执政家”。当员工违反了纪律或者闯了祸时，并非每个领导者都能严厉无情地进行问责。更多时候，他们的选择是轻拿轻放，甚至放任自流。谁都知道纵容表现糟糕的人是错误的，但他们可能出于某些顾虑而不敢痛下决心。领导者的这些顾虑大致包括以下几个后面。

（1）对员工的期望很模糊

这些领导者只是满足于维持现状，并没有履行自己的职责，没有清晰地定义成功的标准。员工一开始就在缺乏明确责任的环境中工作，于是懒懒散散，得过且过。当领导者为业绩不佳而生气时，也不敢对他们发火。因为害怕他们憎恨自己，选择离开。结果领导者放弃了问责，什么都没改变。

（2）怀有负罪感

这些领导者觉得自己没有为员工提供足够的支持，没有给大家创造良好的成长环境。这份负罪感让领导者不肯严厉指责表现糟糕的员工，把错误都揽到自己身上，没让员工承担应该承担的责任。领导者确实有错误，但错的真正原因是被负罪感蒙蔽了双眼，没有看清真正的问题。

（3）害怕员工士气受打击

这些领导者通常喜欢鼓励员工而不喜欢批评员工。他们设法营造一个和谐的团队氛围，希望大家能充满正能量，所以害怕批评表现差的员工。然而，一旦宽容了混日子的员工，那些尽心尽责做事的员工的士气就会被挫伤。这将让领导者得不偿失。

（4）维护自己的颜面

这些领导者不敢问责，怕辞退某个员工会损害自己的形象，因为把他招来的不是别人，正是自己。领导者懊恼自己当初为什么看走了眼，但又怕被别人当成笑话，于是硬着头皮死要面子地撑下去。可是，如果你用尽一切办法依然无法让那个不称职的员工脱胎换骨，那迟早要承受更严重的代价。

（5）怕处理不当

这些领导者不擅长处理这种得罪人的事情。他们既不敢公开批评表现不好的员工，也不敢将其淘汰出团队，迟迟做不了决定。这主要是因为他们缺乏自信，不知道怎样劝说员工学会承担责任。

（6）缺少代替者

这些领导者担心辞退表现不佳者，空缺的岗位无人能填补。也许他们在过去的招聘中没有招到满意的人才，才一直将就着用那个经常制造麻烦的员工。可这样一来，也就将潜在的优秀人才排除在外了。

2. 适度问责的诀窍

问责也是执行的一部分。没有问责就没有纠正，没有纠正就没有改进，没有改进的执行必将导致失败。优秀的领导者无不是问责的高手。他们敢于问责，但不会对员工横加指责，而是摆事实，讲道理，指明改进方向。适度的问责可以让每个员工都增强责任心，能提高团队的执行力。以下是适度问责的应用技巧。

（1）开始问责

在开始问责的时候，领导者不能劈头盖脸地训人，而应该冷静地交流。即使你心情很不爽，也要尊重对方。这样才不至于一上来就把局面搞僵。问责的时机最好是问题发生后不久，过了三天才追究的话，问题就更难解决了。

（2）指出问题

把你发现的问题告诉员工，分享你的担忧。注意语气不要过激，不要横加指责，感情色彩不可太浓。就事论事是指出问题的最佳方式。对方也更容易接受。

（3）出示证据

考虑到表现不佳的员工可能会为自己找各种各样的借口，你有必要在指出问题的时候给出具体而有说服力的证据。你最好在事前了解一下具体情况，看看自己有没有误判。明确事实并拿到证据后再问责，就不会闹出误会了。

（4）允许申诉

即使你已经明确对方确实要负全部责任，也要在说明问题后给员工一个申诉的机会。你可以问一句："当时到底发生了什么？"这句带有好奇的中立语气的话，可以引导对方做出辩护或承认错误。也许，糟糕的表现背后确实有你没发现的隐情。

（5）讨论对策

对方陈述完理由之后，你要做的不是反驳他的意见，而是跟他一起讨论解决的办法。先引导对方思考，如果他实在想不出有效的方案，你可以给出一些具体建议。

（6）确保承诺

通过一些开放式的问题来确认双方对解决办法的理解是否一致。比如，"如果你下次这么做，能否改善结果呢？""你会按照咱们刚才说的办法去做吗？”记得让员工回顾一次具体承诺，立下保证改正错误的约定。

（7）着手改进

接下来，让员工去执行改进计划，你抽时间跟进检查。如果他们确实改进了工作、承担了责任，就应该说些鼓励他们的话，比如：“我相信你一定能把这件事做好。”“谢谢你努力兑现了自己的诺言。”

执行经验充电站

不要害怕问责

有些领导者希望保持和谐的团队关系，做人没什么架子，跟员工保持着比较平等的伙伴关系。这样的团队比较有人情味，员工也舍不得离职。但是，他们过分执着于维持与内部成员的和睦，生怕自己变成大家眼中的“坏人”。即使员工出现过错，也不太敢狠下心来问责。这种“人性化管理”的做法，会让团队成员不再相信规章制度，努力工作且表现优异的员工会感到不公平，从而逐渐丧失工作热情。最终，整个团队由于缺少问责机制而变得越来越懒散。领导者不得不亲自应付各种纰漏，身心健康都受到了损害，团队现状却不会得到真正的改善。

第八章 用沟通协调和奖惩激励阻止团队效率下滑

机器只要设定好程序，保持足够的能源，就可以一直执行下去。但人不行，每个人都会出现状态起伏和情绪波动，需要经常调节才能保持稳定发挥。而团队分工合作的效率，也在很大程度上受制于沟通协调是否顺利。当你的团队执行效率下滑时，应该立即从沟通协调和奖惩激励两个方面着手调查。这些环节对执行者有强烈的直接影响。如果处理不当，执行者将失去动力，团队会四分五裂，连基本的日常运作都磕磕碰碰，更别提深度执行了。

果断清除影响团队效率的沟通障碍

深度思考

a. 工作沟通环节存在哪些常见的障碍?

b. 怎样才能更好地向对方传达你想说的话?

c. 怎样才能有效避免双方对沟通内容产生理解偏差?

沟通不畅会给各方造成不必要的误会，增大工作中的失误率，降低团队的执行效率。但领导者更看重员工的业务能力，而相对忽视员工之间的互动关系。这导致团队的沟通效果不佳，难以获得深度执行力。

所有的执行者都是沟通环节的一部分。沟通失效，人人有责。我们要果断清除影响执行效率的沟通障碍，通过提高沟通效率来提高执行力，迅速推动工作进展。以下是排除沟通障碍的对策。

1. 不要干扰对方发言

认真听别人发言，是一种简单的提高沟通效率的方法。如果你不认真听，对方就不得不再三解释自己的观点。如果你急于发言，没听完就打断人家的话，那谁也不愿跟你好好交谈。

干扰对方发言的人的骨子里有一种不尊重人的傲慢心态。这是最令人不愉快的沟通障碍。所以，我们在跟别人沟通时应该养成不干扰对方发言的习惯，等对方把话说完了再发表意见。这样做有利于保持交流的畅通性。更重要的是，它能让你获得对方的信任。

2. 采用三点式表达法

三点式表达法是一种简明扼要、思路清晰的高效对话技巧。用三个理由表明你的态度，用三个步骤阐述你的观点，列举三类案例进行论证，提出三个视角进行对比。四个“三”共同构成了三点式表达法。

（1）用三个理由表明态度

人们通常只能无意识地记住三件事，超过三件事就得刻意去记了。如果你的说明过于详细，那对方很难迅速理解你想表达的内容。这会导致沟通效率下降。只用三个理由来表明态度，不仅你说着不累，对方也能更轻松地理解记忆。

（2）用三个步骤阐述观点

大家在忙碌的时候很少有耐心听长篇大论。如果不能在最短的时间内解释清楚你的观点，就会招致对方反感。你的沟通对象希望你直接告诉他们“你希望我怎么做”或者“你的结论是什么”，而不是让他们去揣摩你的意思。

你可以按照“结论—理由—结论”三个步骤来阐述观点。先用“是……”来引出你的结论，然后紧接着说“之所以这样讲是因为……”，把你的理由简单解释清楚，然后再用“因此……”来强调你的结论。这样阐述观点简明扼要，易于被人理解。

（3）列举三类案例进行论证

当人们听到一个观点时，会自发地寻找对立点、不同点、相同点。对立点能证明案例与听到的内容截然相反，不同点则能让人明白不同案例之间的差异，相同点决定了人们是否接受对方的意见。因此，你可以用三个不同类型的案例来辅助说明，一个用来展示对立点，一个用来展示不同点，最后一个用来展示相同点。

（4）提出三个视角进行对比

使用多个视角，可以让对方更加相信你的说辞。我们可以从立场、场所、时间三个视角来思考事物，根据具体的对话需要进行改变。首先，切换到对方的立场看问题，也就是换位思考。其次，转变关于场所的视角，观察问题的背景。最后，转变关于时间的视角，预测该问题对现在和未来有何影响。

3. 以书面形式确定共识

当双方相谈甚欢时，你最好以书面形式记录自己与对方达成的共识。这绝非多此一举。因为同一句话在不同的人听来可能是不一样的意思。你觉得跟对方达成的是共识A，但他们理解成了共识B。将来发现彼此有误会时，工作效率已经出问题了。

用书面形式确保双方的意见保持一致，可以最大限度地减少误会。此外，过一段时间后，人们的记忆就会变得模糊，对原先的信息会采用对自己有利的理解，而不是最初的共识。为了避免你或对方的记忆产生偏差，形成书面记录是最简单的办法。

执行经验充电站

把互动关系列为管理重点

不少企业只看重员工的能力而忽视员工之间的互动关系，在工作流程设置上也有意无意地让每个人都处于单打独斗的状态。由于工作内容本身交集不多，很多员工平时很少会跟其他同事互动，更多地依赖团队负责人来传达各种信息。无论企业如何倡导团队合作与加强沟通，大家都会抱着“多一事不如少一事”的心态来维持现状。可是，团队负责人本身也十分繁忙，不可能代替其他成员完成所有的沟通协调工作。企业不仅要把内部互动关系作为一个管理重点，还应该设法创造更多条件，在客观上促使所有的执行者自觉加强沟通协作。

保持双向交流，但别浪费他人的时间

深度思考

a. 你在双向交流中遇到过哪些挫折?

b. 为什么人们很难保持畅通的双向交流?

c. 怎样才能避免在沟通中浪费他人的时间?

职场中的人际关系一向比较微妙，既有合作又存在竞争，各方的利益诉求容易形成冲突。只有通过双向交流才能帮助彼此找到利益的平衡点，完成有效合作。但是，就算双方都有合作的诚意，也不一定能做好双向交流。

沟通本身必然会耗费一些时间。用在沟通上的时间越多，越容易降低效率。害怕工作被干扰的人会倾向于减少沟通。但沟通不畅又会增大配合的失误率。为了提高双向交流的效率，我们应该熟练掌握一些沟通技巧。

1. 双向交流沟通要点

华为公司针对沟通效率问题制作了沟通培训手册，每个员工人手一份。其中的精华主要是五点。

（1）明确沟通目的

在交流之前，双方都应该明确沟通的目的，以解决问题为落脚点。漫无边际的闲聊是在浪费时间。而目的不明确的沟通会让双方在交谈中失去方向，话题越来越发散。这样，直到下班都很难讨论出有用的意见。把确认沟通方向作为每一次交谈的开端，是个符合深度执行要求的好习惯。

（2）选择合适的沟通方式

我们可以用面谈、电话、邮件、QQ、微信等沟通方式来完成双向交流。具体选择哪种方式，一是看你和对方的个人习惯，二是看具体的对话内容有什么要求。使用对方喜欢的交流方式，彼此都能感到轻松自在。这对提高沟通效果有很大帮助。

（3）只发有效信息

重复啰唆的话语会给双向交流带来很多障碍。我们在发起对话前应该确保自己发出的是有效信息。先把思路理清楚，提炼信息主干，简化不必要的说明，准确表达真实意思。为了避免沟通障碍，我们还应该先征求对方的意见，确定交流的时间、地点、目的及其他情况，让彼此心里都有底。

（4）注意倾听和观察

没有倾听就没有双向交流，只顾自说自话叫作单向传播。在双向交流过程中，我们既要畅所欲言，也要让对方畅所欲言。在别人发言的时候，专注倾听是起码的职业素养。我们还应该用同理心来体会对方的感受，同时观察他们的表情、肢体语言，以获得更多的信息。如果双方都能认真倾听和观察，那沟通效率会非常高。

（5）进行有效反馈

有效反馈是保持双向交流的必要措施。如果只是发出了有效信息而没有得到有效反馈，那双方依然不能准确理解彼此的想法。在这种情况下，沟通目的就难以实现。不过，在给对方反馈意见时要注意说话的分寸，要坚持对事不对人的原则，选择最佳时机回馈信息，确认自己对别人的意思有无误解，提出负面反馈意见时要不伤对方的面子。

2. 怎样避免浪费他人时间

除了沟通技巧外，成功的双向交流离不开时间管理。优秀的执行者重视双向交流，但不会让沟通时间过多占用自己的工作时间，同时也不会浪费别人的时间。想要达到这种境界，就得做好以下几件事：

（1）公示“请勿打扰”时间

每个执行者都有自己的最佳工作时间。在这个时间段里，你的工作效率最高，最适合完成当天最重要的工作。如果错过了这个时机，你的工作进度就会明显受影响。为了避免被其他事情干扰，你应该向其他人公开说明自己的“请勿打扰”时间。在此期间，你不会回复任何人，也不会做别的事。

（2）设置专用沟通时间

在扣除了“请勿打扰”时间后，你剩下的工作时间都可以用来沟通。但你有空的时候别人未必有空，别人有空的时候你未必有空。为了更好地分配时间，你可以设定一个固定的专用沟通时间。你要让大家知道，在这个时间段一定能找到你，你可以在第一时间回复别人。这样就能让双向交流保持在一个相对固定的时间段，给彼此腾出更多时间来专注做其他工作。

（3）提高交谈速度

交谈的时间越长，越可能耽误你和对方的工作。所以我们在双向交流中要简明扼要，绝不可拖泥带水。在别人交代事情时，尽可能集中精神一次听明白，以最快的速度记下来，减少重复确认的次数。

（4）减少等待时间

与人约谈时不要迟到，虽然迟到不会影响你的效率，但会耽误别人的工作。优秀的执行者不应该这么自私。如果在交谈过程中突然发生了别的情况，就立即告诉对方并请对方离开，不要让别人浪费自己的时间等你。

执行经验充电站

提建议的分寸

领导者需要员工提出合理化建议，但又不喜欢员工拿不切实际的想法浪费自己的工作时间。为此，我们应该学会掌握提建议的分寸，让自己的意见更容易被采纳，而不至于招致上级的反感。有的人以为提建议越宏大越好、越新颖越好，这不是明智之举。职位不高或资历较浅的员工往往对公司的整体情况不了解，提出的建议很容易脱离实际，缺乏可操作性。不如先提一些具体的、有实用性的小建议，克制一上来就琢磨大计划的冲动。同时不断加深对工作、流程、管理和战略方面的认识，逐步梳理出系统的、有条理的、能解决问题的可行方案，再在合适的时机和地点交上去。

待遇应与效率高低挂钩，跟压力大小成正比

深度思考

a. 为什么有些企业给员工的待遇不符合其贡献水平？
b. 为什么有些工作压力较大的岗位设置的薪资反而较低？
c. 什么样的待遇才能激励员工保持高效执行力？

待遇不合理是企业管理中常见的不公现象。理论上，劳动者的待遇应与工作效率高低挂钩，跟压力大小成正比。工作效率高意味着能为企业创造更多的价值。而压力大的员工任务重，更需要充分的激励。

但事实上，只有少数优秀的企业才能贯彻这个原则。比如华为一直贯彻“以奋斗者为本”的理念，人才流动能上能下，待遇跟工作效率和压力相符。这样的企业达到深度执行的境界，是顺理成章的事。

提升团队的执行力，先得提升团队成员的士气。没有优厚的待遇，很难长期留住人心。领导者不能只是给员工“画大饼”。设置合理的薪酬激励制度，是增强团队凝聚力和执行力的必要措施。

1. 薪酬激励制度的设计要点

领导者在设计薪酬制度时会考虑很多因素，比如员工的学历、能力、素质、业绩、职位、资历等。如果员工的职位不高，那工作压力再大也很难得到重视。能否在综合考虑各种因素时兼顾效率和公平，对打造团队深度执行力至关重要。我们在设计薪酬激励制度前，先得做好三项准备工作。

（1）分析人力成本

人力成本包括标准工作时间的员工劳动所得（工资）、非标准工作时间的公司付出（福利）、人力开发成本（培训成本和招聘成本）三个部分。分析人力成本是为了检查人力总成本的合理性，把人力成本预算控制在恰当的范围内，确保薪酬制度不超出企业承受能力。

（2）行业薪酬水平调查

行业薪酬水平调查是为了掌握本行业的平均薪资待遇水平，确保我方的待遇具备一定的竞争力，同时又不至于设置过高的待遇条件，平白增加企业的运营成本。调查的主要途径是观察同行业各公司的招聘广告。这些资料包含各个岗位的名称、职责、要求以及薪资待遇等信息。

（3）价值评估

◎岗位评估。岗位评估反映了某个工作岗位的具体要求和任务量。领导者应设置合理的标准，对所有岗位进行评分排序。

◎能力素质评估。领导者应该构建员工能力素质模型，全面评估每个执行者的综合能力素质，并观察其与企业使命、发展战略、价值观等方面是否匹配。

2．设计薪酬制度的价值导向

薪酬激励制度的设置依据，体现了领导者的价值导向。深度执行理念要求薪酬激励制度体现实力主义精神，促进团队合作，跟实际贡献成正比。我们可以将其归纳为三个价值导向。

（1）能力导向

英雄不问出处，能力强的人可以为企业创造更多价值，理应得到更好的待遇。领导者还可以在科学评估员工的能力水平的基础上，设定不同的奖金系数。奖金系数越高的员工，完成任务后的奖金越多。这样才能激励员工力争上游。

（2）团队导向

以能力为导向的薪酬制度有利于激发员工个人的干劲，但不能激励他们加强团队合作。没有团队人员之间的默契配合，团队就会出现各自为战的现象，难以形成深度执行力。在薪酬激励制度中加入团队导向的价值观，有利于培养员工的大局观，促进团队的内部交流与协作，让所有人都能分享合作共赢的成果。

（3）实绩导向

虽然单纯的绩效主义不足以实现深度执行，但合理的薪酬制度必须体现实绩导向的原则。待遇应该跟员工的实际贡献成正比，衡量标准就是每个人做出了多少实绩。尽管不同工种的员工难以用单一的标准来衡量实际贡献，但领导者应当想办法平衡这个矛盾，让所有人的劳动成果都能得到认可。

总之，领导者应该按照“三个满足”原则来处理员工的待遇问题。“三个满足”原则的内容包括以下三点。

◎以满足公司发展需求为前提，让公司中每一位员工的薪酬与其业绩相匹配。

◎满足公司、部门的整体业绩与员工个人收益之间的缺口，让公司上下各方的权益都处于一个相对平衡的位置。

◎一切薪酬激励措施都要以满足团队和谐的良性竞争为原则。

我们要尽可能地保证待遇公平合理，与同行业的其他公司相比具备一定的竞争力，这样才能为团队执行力提供充分的物质保障。

执行经验充电站

守财奴心态要不得

工作的直接目的是赚钱养家糊口，解决生存问题。喜欢和追求钱是无可厚非的，奋斗者本来就该得到与付出相称的回报。但是万万不可抱着守财奴心态做事。守财奴过分计较金钱，而没有长远的职业规划，难以拒绝赚快钱的诱惑，很难踏踏实实地为长远利益做打算。深度执行追求的不是短期的效率，而是长期的效益。守财奴在物质激励的引诱下也许会很努力，但不会真正养成踏实做事的职业精神。优秀的执行者不该成为守财奴，精神追求不可低于物质追求。

有效鼓励，保持团队的精力、动力和活力

深度思考

a. 你是否经常鼓励自己的员工？如果没有，是出于什么原因？

b. 有些领导者主观上想表扬员工，效果却适得其反，这是怎么回事？

c. 什么样的鼓励方式才能真正激发团队的活力？

人的心理状态对工作状态有直接的影响。当员工的工作得到他人的肯定时，内心比拿到绩效奖金还高兴。若员工每天都能带着高兴的心情去做事，整个团队的执行效率会变得十分惊人。但这个美好的愿望很难实现。

工作上的压力和生活中的烦恼总会给我们带来喜怒哀乐忧思，天天心情舒畅是不可能的。不过，如果领导者能经常鼓励员工，那么大家的负面情绪就会更快地被排解掉，在工作时会更加精力充沛、动力十足、活力四射，但前提是采用了正确的鼓励方式。

1. 适得其反的鼓励方式

好心说错话，结果很尴尬。有些领导者的本意是想给员工更多精神激励，却因为误用了无效的鼓励方式，反而让员工的心情更糟、状态更低迷。当你夸奖员工却招致反感的时候，应该是犯了以下错误中的某一条。

（1）事无巨细的表扬

不要再轻信“表扬永远都不嫌多”之类的话。太少的表扬固然无法满足员工想被认同的心理需求，但事无巨细的表扬是一种肤浅的鼓励行为。员工听多了这样的廉价表扬，就会产生免疫力。你的鼓励将再也起不到激励作用。

（2）带有批评意味的表扬

“虽然你做得不错，但是……”

“虽然你很努力，但效果不是很明显，继续加油吧！”

“你的表现很出色，但下次不要再……”

听到别人这么跟你说话，你大概不会觉得他在表扬你。因为这些表扬中包含了批评的成分，抵消了正面的激励作用，听起来更像是一种严苛的告诫。也许你的本意是想让员工做得更好，但请记住，表扬是表扬，指正归指正，不要混为一谈，分开单独进行才能发挥两者各自的作用。

（3）表扬方式令人不爽

有些员工喜欢被鲜花和掌声包围，适合在公开场合接受表扬。但有些员工不喜欢成为众人围观的焦点。如果你让他们上台领奖并做获奖感言，那他们会感到不自在。这种表扬方式反而会挫伤他们的积极性。

（4）只看数字而忽视行为的表扬

很多领导者只根据数字和评分等客观结果来表扬员工，这里面存在很多隐患。因为领导者并不清楚员工们实现结果的过程，不知道他们是靠认真负责达成的目标，还是靠偷奸耍滑来完成业绩的。只看数字而不结合日常行为表现来评判，你的表扬就会失去公信力。

（5）只夸领导而不赞团队

领导者应该得到表扬，但只称赞领导者的个人荣誉，而不表扬整个团队的努力，是有失公平的做法。这相当于是领导者独吞了大家的功劳，其他成员的心血没有被组织肯定。毫无疑问，离心离德的种子已经开始在团队生根发芽。

（6）大事化小的表扬

虽然表扬了员工，但表扬的力度太小，跟员工为公司做出的贡献不成正比。这种大事化小的表扬，在被鼓励者眼中简直是一种虚伪的形式主义。他们将不再信任公司能给奋斗者相称的回报，也不再做优秀的执行者。

（7）不走心的表扬

有些领导者在表扬员工时连对方的名字都记不起来，甚至张冠李戴。这样的表扬在员工看来是毫无诚意的，会对领导者感到失望。

（8）照本宣科的表扬

只是照本宣科地朗读表扬名单，而不能给出饱含真情实感的赞美，员工不会认为那是真心的认可。

2. 怎样做到有效鼓励

有效表扬必须包含三个元素：相关、具体、有意义。你表扬的必须是跟对方相关的事情，而且不可缺少言之有物的细节，最重要的是要给出有意义的鼓励。通过以下方法，领导者可以完美地完成表扬任务。

（1）表扬内容要量身定制

我们平时应该深入了解每个团队成员的喜好和在意的事情，弄清他们认同的价值是什么。最简单的办法就是直接问他们："如果你能圆满完成这次任务，想得到什么样的奖励？"表扬员工的时候，一定要按照他们最希望的方式进行。

（2）表扬方式个性化

表扬的方式多种多样，可以是简单的口头表扬，可以用小礼品表示感谢，可以用带薪假期以示鼓励，也可以公开表彰。表扬的方式若过于单调，就不会令员工满意。领导者应该在这方面多用点心。

（3）及时表扬

表扬也是有时效性的，过期不候。迟到的表扬就跟变质的饭菜一样令人难以接受。当员工表现出色或者做了好人好事的时候，领导者应该及时对其进行嘉奖。此时员工的激情还没消退，只要得到鼓励，就能把良好的精神状态维持下去。

（4）强调亮点

我们在鼓励员工的时候，一定要挑他们工作或为人的亮点进行表扬。那是他们最自豪的地方，最希望得到上级领导明确认可的方面。你的鼓励将使他们充满感激，觉得自己的工作非常有意义。

（5）言行一致

领导者在表扬员工的时候说他为团队做出了不可磨灭的贡献，

但在调整工资的时候没有给他涨工资，却给其他人加薪。这种言行相悖的表扬，无论是有意为之，还是一时疏忽，都会让员工感到被欺骗而彻底寒心。

（6）对团队整体表示认可

领导者在表扬一名员工时，不要忘了对团队整体表示认可。最好是在团队面前称赞个人时明确说出他们为团队做了哪些贡献，对其他同伴有何帮助。这样的鼓励有助于提高团队中每个执行者的干劲，让他们把注意力集中在最重要的事情上。当大家完成了一个新的目标后，别忘了用庆功会再次表扬全体团队成员。

执行经验充电站

合理控制员工的积极性

积极性强的员工会主动发现问题并寻找解决方案。打造团队的深度执行力离不开这样的人。但是积极性强的员工容易滑向个人英雄主义，热衷于给企业提各种建议，甚至是颠覆既定战略方针的意见。他们很难融入整个团队的工作体系，过多干涉上级的决心，导致团队迟迟不能朝着共同目标发力。这同样会降低团队执行力。过分压制员工的积极性，就会让他们沦为缺乏反思能力和创造能力的流水线机器。但不适度制约员工的积极性，就难以实现团队合作。领导者要平衡这个矛盾，把员工的积极性控制在合理的范围。

第九章 完善风险规避机制，才能减少非必要损失

高回报往往伴随着高风险。抗风险能力差的组织团队，即使没有遭遇行业的寒冬，也会因昏招迭出而落败。完善风险规避机制，减少不必要的损失，这样才对得起上上下下所有人的汗水和心血。风险固然要控制，但也不可因此束手束脚。有远见的管理者应当允许犯错，仔细排除阻碍执行的因素，确保执行过程畅通无阻。多问几个“为什么”，深入思考问题，主动变革自己。这就是深度执行理论的逆境取胜之道。

允许员工犯错，但不可毫无进步

深度思考

a. 领导者应该怎样看待员工出现的差错?

b. 惩罚犯错的员工是否对他们的成长最有利?

c. 怎样才能让自我反省真正起到作用?

你最近是否注意到，你的团队变得越来越谨小慎微了。原先经常向你提出多个新想法的员工变得缄默不言。每个人都经常向你请示工作，而不再自己拿主意。你对他们的畏首畏尾感到不悦，希望他们再勇敢一点，有担当一点。可惜毫无效果。

如果你回顾一下自己是怎样对待员工犯的错误的，就不难明白他们如此害怕出错的根源在你身上。你要求他们只能成功，不能犯错。员工只好以不求有功但求无过的态度混日子。为此，你要改变观念，营造宽容错误的氛围。

1. 鼓励成功，宽容犯错

世上没有不犯错的人。每一家成功的企业，都是从不断的试错和改错中杀出来的。领导者应当在团队中推行“鼓励成功，宽容错误”的企业文化。在执行环节要精益求精、一丝不苟，但不苛求绝对不犯错。

积极做事的人会碰到很多复杂的情况，难免会多做多错，少做少错。那些从不犯错的人，并不是什么世外高人，恰恰是与深度执行要求背道而驰的怠慢者。如果靠“不做不错”混日子的人顺利升职加薪，整个组织都将变得消极保守，再无进取心。

只有对员工的错误保持宽容的心态，才能鼓励大家积极做事，推动组织的进步。需要注意的是，领导者应该宽容的是“创新性错误”，而不是“流程性错误”。创新性错误是在开拓创新过程中走的弯路，这是必要的技术经验积累，可以考虑把容错率设置为50%。而流程性错误是在执行环节疏忽大意、违章操作，这是不能宽容的。

2. 犯错之后要有所长进

应当指出，宽容犯错不等于没有问责制度，而是要求员工在犯错之后有所长进。人们在面对错误时通常有三种态度：一种是通过指责他人来为自己开脱责任，逃避应该接受的处罚；一种是半途而废，以目标难以实现为由选择退缩；还有一种是承认错误，接受教训，积极总结经验。

毫无疑问，只有按照第三种态度做事的执行者，才能真正实现成长。他们可能比那些四平八稳的人犯错多，但反省精神也使其进步速度远超后者。我们应该从这些人身上学习以下三种品质。

◎把自己犯过的错一条条记下来。不要两次掉入同一个坑。吃一堑，长一智，经常回顾昔日的过失，给自己敲警钟。

◎留给自己一定的思考时间。有些员工以工作太忙为借口放弃了深度思考。这实际上不利于提高自己的水平，也错过了养成深度执行力的机会。平时多抽出一些时间停下来想一想，你会发现更多改进工作的办法。

◎失败后不要找借口。找借口的本质是拒绝承认错误，拒绝反思。这会让你看不清自己身上存在的问题。带着错误的认识继续前进，下一次再犯实属必然。只有戒除这个恶习，我们才能变成更好的自己。

执行经验充电站

自我反省是一种职业素养

工作流程大致可以分为准备阶段、执行阶段和检查阶段。但大多数执行者只关心前两个阶段，对最后的检查阶段不太上心。假如别人认真而中肯地指出他们的失误，他们会觉得别人是狗拿耗子多管闲事。深度执行意味着我们在这三个阶段都要善始善终。特别是在检查阶段，要有主动自我反省的意识。自我反省精神是专业人士必备的职业素养。优秀的执行者总是一丝不苟地做好事后检查工作，及时总结工作中存在的不足。这种好习惯本身也是深度执行力的一个重要来源。

向上管理：员工处理问题的行动指南

深度思考

a. **为什么有些员工在遇到问题时不敢向上级报告？**

b. **领导者应该怎样避免把自身压力转嫁给员工？**

c. **向上级报告时可以使用哪些开场白？**

在制订战略计划之前，我们有压力是因为对能否实现最终结果还没有十足的把握。进入执行环节后，压力会不定时地出现在每一个角落。任务目标在前方等着你，绩效考核在后面追着你。如果你在遇到问题时没有做好压力管理，那你可能会给别人造成压力。

老板会因为压力大而对各部门负责人发出最后通牒般的催促；各部门负责人又会向下施压，迫使团队成员抓紧干活。压力层层加码，向下传递，处于一线的员工背上了沉重的负担。团队的执行力并不会因此提高，反而会因为员工压力过大而出现新的问题。

1. 高压力对执行力的阻碍

领导者由于被压力影响了情绪，在不知不觉中变得更加无情冷酷。这导致员工在遇到问题时不敢向上级汇报，只能自己硬扛，结果更容易把事情搞砸。而领导者看到员工的工作没做好，又会变得更加暴躁，给员工施加更多压力。

这个恶性循环让团队中的所有人都处于一种紧张恐惧的状态。当领导者能记起自己应该冷静下来时，当员工能以自信而谦虚的方式跟上级真正沟通时，大家头顶上的高压气旋才会逐渐消散，才能让团队重新回到正常状态。

站在领导者的角度，我们应该用下面的话提醒自己。

◎我们不是在孤军奋战。

◎通过发脾气来装作坚强是内心脆弱者的做法。

◎当员工们指出问题的关键时，只有领导者才能帮助他们。

◎优秀的团队会让领导者担负起责任。

◎员工们希望知道真实情况，而不只是我们的命令和催促。

◎优秀的领导者会开诚布公地告诉大家真相，共同面对问题。

◎在压力环境下忠于自己平时的管理风格才是真正的勇士。

作为希望帮助上级领导解决问题的执行者，你可以通过以下问题来展开跟上级的对话。

◎我具体能做些什么来更好地为团队的使命提供支持?

◎你的同事对我有什么评价?

◎我应该跟谁合作得更紧密一些?

◎你认为你的成功有哪些原因?

◎我的做事风格有什么地方让你感到困扰吗?

◎我具体要做些什么来为 ×× 职位做好准备?

只有通过双方的共同努力，团队才能走出相互宣泄压力的恶性循环，才能众志成城地共同分担压力。

2. 执行者的向上管理三原则

无论是基层员工还是中层领导，都要跟自己的上级处理好关系。管理学家将这项工作定义为向上管理。向上管理的目标是以自信而谦虚的态度跟上级打交道，利用你的优势坚持重要的原则，即使跟上级有分歧也能勇敢地分享自己的观点，说服他们支持你。要做好向上管理，有三个原则必须牢记在心。

（1）不要在别人面前对抗上级

千万不要在你的同事、你的团队或者上级的同僚面前跟上级对着干，公开挑战他们的权威。向上管理的最佳方式是跟上级进行一对一的私下交流。你要注意控制自己的情绪，说话不要太煽情，应该通过举例或列数据等方式跟上级谈心。

（2）交谈前做好功课

在汇报工作或者提意见、建议之前，你应该做好功课。弄清楚上级的意图是什么，上级最近为什么压力大，他们是否也被公司最高层施加了很大的压力。你要从他们在意的事情开始讲起，自然地陈述你的观点，准备好回答他们的问题。功课做得越充分，上级越可能支持你的意见。

（3）坦诚地分享你的忧虑

当意识到公司存在某些问题时，你应该坦诚地向上级分享你对公司的忧虑。当然，你在跟上级说实话之前，应该先认真听取别人的看法，提出几个能站住脚的论点。不要把矛盾直接对准上级，而要虚心听取上级对此的解释。

在此基础上，把你搜集到的各方意见整合起来。深入思考，反复调查，真正找出问题的答案。这才是具有深度执行力的员工该做的事情。

执行经验充电站

怎样向上级汇报

领导者掌控着整个工作流程的大局，需要及时得到各个环节的反馈意见。但是有的员工不怎么汇报工作，有的员工在汇报中弄虚作假，有的员工没掌握合适的汇报方式，这都会让领导者无法及时掌握一线的情况，对工作进展产生误判。优秀的执行者会以书面总结、口头、电话、邮件等形式向上级汇报工作，并在汇报时遵循以下原则。

1．第一时间汇报情况，不要拖延几天再上报，一旦错过解决问题的时机，会导致事态恶化。

2．主动汇报，不要等到上级催促时才汇报，应该选择固定的时间主动进行每周、每月、每季、每年的汇报。

3．汇报时要实事求是，不可无中生有，不可夸大事实，不可隐瞒问题。

4．汇报要目的明确、条理清晰，让上级知道你做了什么、做成了什么以及想做什么。

5．汇报要突出重点，主次分明，避免废话。

工作进展受阻带来的团队潜在危机

深度思考

a. 工作进展受阻可能给团队带来哪些潜在危机？

b. 当这些危机来临时，领导者应该做什么？

c. 假如导致团队停滞不前的原因是少数员工，领导者该怎样做？

胜败乃兵家常事。即使是胜利者，在成功到来之前也会遇到迟迟没有进展的困难时期。即使你的战略计划再好，运营流程再合理，团队成员再努力，激励措施再到位，还是可能会在执行过程中遭遇瓶颈。

当这种情况发生时，每个人都不免会产生焦躁情绪。由于进展受阻，工作压力逐渐压倒了奋斗动力，挫败感和沮丧的心情在团队中蔓延。领导者可能会变成暴怒的狮子，推着大家去跟困难硬碰硬。领导者也可能化身为蛮牛，倔强地拉着团队往前冲。无论采取这两种处理方式的哪一种，都不能很好地解决工作受阻的问题。如果我们不能妥善应对工作受阻的问题，那这一问题将在团队中引发潜在危机。

1. 六种团队潜在危机

工作越来越难做，领导者却迟迟没有找到有效的脱困办法，只是给大家带来了更多的压力。这样，员工的团队荣誉感就会动摇。此时会出现以下六种不利情况。

（1）员工对你失去信任

员工对你失去信任的表现方式不一定是直接抗议，也可能是私下抱怨、阳奉阴违、罕见地拒绝执行、出现以前没有出现过的错误、以请假为由悄悄出去找工作等。这些本质上都是因为信任危机。员工不再信任你这个领导者能带领他们走向胜利，不再相信你是一个能听进真话的人，也不再相信你描绘的未来确实能实现。

你只有找出他们对你失去信任的真正原因，才有可能挽回局面。一对一的私下对话是最好的谈心方式，要见缝插针地展开。这有助于你挖出他们不愿意告知你的真相。口头约定不足以挽回他们的信任，所有人只会从你的行为中观察你是否真正有改变当前困境的决心和勇气。

（2）员工不再相信组织

虽然员工对你个人依旧信任、赤胆忠心，但他们对组织失望了。他们不认为组织能公平地对待认真做事的奋斗者，这可能是因为他们发现了组织没有善待他们的顶头上司——你。他们还怀疑组织的未来摇摇欲坠，判断的依据可能是你本人对决策层抱有同样的态度。

归根结底，他们对组织的信任动摇都受领导者的影响。你有意无意地流露出对组织的失望，所以信任你的他们也对组织产生了怀疑。如果你希望他们继续相信组织，就得先检查自己的态度、行为和信仰，否则无法消除他们过于消极的想法。

（3）员工不再相信团队的愿景

员工们不再相信曾经给他们带来美好期待的愿景目标，变得精力涣散、失去热情。他们已经不知道自己是为了什么而奋斗，丧失了努力的方向。领导者应该设法让员工理解更高层次的利益和每个人在其中扮演的角色。这样才能巩固团队的愿景，重新让团队具有共同突破困境的凝聚力。

（4）员工之间相互猜忌

工作进展受阻导致员工互相指责、互相推卸责任的情况经常出现。团队内部关系因此急剧恶化，大家相互猜忌，人人自危，没有心思专注工作。这样的团队无法执行任何任务，急需整顿。领导者要带头承担责任，铲除借机挑事、影响团结的障碍，鼓励大家重建密切合作的团队氛围。

（5）员工失去自信

你的威信还在，员工也信任你、信任组织、信任愿景、信任团队，唯独对自己没有信心。这样的情况稍微好一些，但处理不当的话，还是会导致团队丧失战斗力。领导者可以定期评定个人和团队的信心指数，给信心指数低于平均线的员工增加支持力度，鼓励他们振作起来、力争上游。

（6）员工认为自己的努力白费了

他们可能曾经在埋头苦干之后发现所有的心血付诸东流，或者是后期流程被合作方搞得乱七八糟，以至于自己的努力都被白白浪费。这对员工的积极性极具杀伤力。他们会因此认为自己的工作毫无意义。你需要想办法协调各方，向组织请求支援，确保团队的成果不被浪费。

2. 警惕阻止大家进步的员工

当领导者为重振大家的士气而呕心沥血时，有些思想消极、阴暗的员工会成为阻碍大家进步的绊脚石。他们不仅自己消极怠战，也见不得别人奋力拼搏。这样的员工会在你看不见的地方劝说其他团队成员放弃努力，打击自强不息者的信心。他们还会有意无意地增大你和众人之间的隔阂，以及员工和员工之间的矛盾。

那些表现出众、始终没有放弃信念的奋斗型员工最讨厌这种到处煽风点火搞破坏的消极分子。领导者应该尝试改造这些阻止大家进步的员工。如果用尽办法还是无法让他们改过自新，就应该坚决而不失礼貌地请他们出局。

唯有这样，我们才能依靠奋斗型员工来激活其他态度摇摆不定的员工，重新树立坚定的愿景目标，一起想办法解决执行过程中存在的问题，齐心协力突破当前的困境。

执行经验充电站

改进组织结构，加强内部合作

华为有句名言："胜则举杯相庆，败则拼死相救。"这样的团队合作意识是深度执行必不可少的条件，但确实很难做到。绝大多数企业内部划分为若干相互独立的职能部门和事业部门，各事业部在业务上独立性很强，要么互不相扰，要么相互竞争，难以形成合作关系。这使得企业的内部合作氛围不尽如人意，很难做到"胜则举杯相庆，败则拼死相救"。华为通过改进组织结构，让不同的职能部门和事业部门在业务上产生密切联系，将其整合成一个环环相扣的统一整体。此举促使各部门主动加强内部合作，避免各自为战造成的内耗局面。

仔细排查执行细节，直到找出问题为止

深度思考

a. 为什么大多数执行者都懒得认真检查细节？

b. 对执行细节“一查到底”是否会让工作成本迅速增加？

c. 怎样在制度层面减少执行过程中可能出现的问题？

在职场中，推卸责任的恶习一直存在。高层领导者面对问题时，往往把责任推到中层领导者身上，中层领导者又把责任推到员工身上，员工把责任推到顾客身上。如此一来，真正的失败原因就会被掩盖，无论开多少会，做多少经验总结，都不能解决问题。

要想打造深度执行力，就必须坚持实事求是的原则。不要文过饰非，也不要层层“甩锅”，应认认真真地找出症结所在，是哪个环节的问题就改进哪个环节。这样才能让团队更少犯错，更多成功。

1. 培养积极承担责任的团队文化

如果你希望员工养成主动承担责任、独立解决问题的能力，就

得形成相应的团队文化。当上级喜欢“甩锅”时，下级也会染上互相推卸责任的恶习。你要鼓励对执行细节一查到底的行为。这种做法看似会增加工作量，实则会从源头上解决隐患。下次工作就不用再被同样的问题干扰，长期来看反而是提升执行力的办法。

为了培养这种认真负责的团队作风，领导者在员工遭遇挫败时不能急于找“背锅侠”，而要提出一些有益的问题，引导员工认识到自己的不足并帮其树立改正错误的信心。可选的有益问题有以下几个。

◎你的目标是什么？

◎你是如何操作的？

◎当时发生了什么情况？

◎你从这次教训中学到了什么经验？

◎你下一次会怎么做？

假如对方说“不知道”，领导者也不要生气，可反问一句：“如果你知道的话，可能会怎么做？”领导者需要耐心地引导对方说出自己的困惑、难处和要求，并提供相应的帮助。员工的焦虑不安得到缓解后，就会按照你的期望去完善自己。因为员工知道你不会简单地指责他们，而是会帮助他们一起解决问题。

2. 建立事后回顾制度

除了推行认真负责的团队文化外，建立事后回顾制度也有助于我们排查执行细节，减少工作过程中可能存在的问题。华为的事后回顾制度（AAR，After Action Review）就是一个经典的管理工具。它具体分为以下六个步骤。

步骤1：行动的意图是什么

当初行动的意图或目的是什么？当前行动是要尝试达成什么目标？

步骤2：发生了什么

实际上发生了什么？为什么发生？怎样发生的？

步骤3：从中学到了什么

我们从此过程中学到了什么新东西？如果有人要进行同样的活动，将给他什么建议？

步骤4：如何将学习转化为行动

接下来我们该做些什么？哪些是我们可直接行动的？

步骤5：采取行动

知识是存在于行动中的，必须产生某些改变才是所谓的学习。

步骤6：分享给别人

要把有用的知识有效地传递给组织中其他需要的人。

虽然我们称之为“事后回顾制度”，但这项制度在执行任务期间就可以进行。这将把执行过程变成一个学习过程。随着学习与行动经验的日益积累，深度执行力将在团队中的每一个成员身上生根发芽。

执行经验充电站

关键问题往往出现在细节上

有的竞争对手实力不如你强，资金不如你多，干活可能也没你那么拼命，但就是比你取得的成果多。这可能会让人不服气，觉得不符合科学道理。然而事实就摆在眼前，你必须冷静下来，仔细排查自己工作中的每一个细节，直到找出问题为止，否则下次还是会莫名其妙地输给别人。世界上就怕“认真”二字。当你真正排查细节后就会发现，对方看似样样条件不如你，但在关键的细节上做到位了，而你却在这方面有所疏忽。遇到问题少抱怨、多检查细节，才是优秀执行者该做的事。

主动驱动自己，在逆境中反败为胜

深度思考

a. 当团队进展不顺时，领导者应该怎样带领大家摆脱困境？

b. 为什么说“冒充者综合征”是毁灭领导者信心的主要杀手？

c. 领导者应该如何克服自己对失败的过度恐惧？

那些举手投足挥洒自如的成功人士，其内心其实并不像表面上那么自信满满。他们往往觉得自己一直走在刀锋的边缘，踏错一步就会变成失败者。每个领导者都或多或少背负着相同的压力。遇到团队发展低谷期，压力很可能会夺走他们的自信心。

面对工作进展的低谷，员工心往一处想、劲往一处使，而身为领导者的你却动摇了必胜的信念。对团队而言，领导者的信心不坚定比外部环境带来的困难更有杀伤力。若不能及时找回信心，在低谷中率领团队逆袭崛起的出路将彻底断绝，大家对你就只剩下失望了。

1. 不要被“冒充者综合征”打倒

“冒充者综合征”是一种强烈的自我怀疑心理。你明明能力优秀，做得很成功，令众人称赞。偏偏你自己坚持认为这只是个假象，成功都是靠运气，大家迟早会发现你是一个徒有虚名的冒充者。

尽管这个自我怀疑与客观事实严重不符，但患上冒充者综合征的人就是会这样否定自己。随着恐惧心理的日益加重，他们的自信会被彻底剥夺，他们的才华也会被扼杀，本来完全可以获得的成功也被推得远远的。处于这种状态的领导者需要采取一些方法来克服自我怀疑。

（1）赞赏你的过去和当下

过去的你不那么完美，可能笨手笨脚、死撞南墙、犹豫不决、胆小怕事，但你不要因此嫌弃过去的自己，应该将其视为鞭策自己成长的宝贵财富，而不是难以启齿的黑历史与包袱。你还应该诚实地面对眼前的环境，承认自己已经不同于过去，接纳自己不完美的一面。

（2）不必要求所有人都认可你

你害怕别人会觉得你是个骗取成功的冒充者。这种念头本质上是你害怕被别人讨厌。就算对方是昧着良心故意说你坏话，你还是会觉得原因在于自己不够好。这种过度反省自己的做法是一种坏习惯。你要牢记一句话："总有人看你不爽。"没有具体的原因，就是看你不爽。你也无须从自己身上找问题，不必讨好不喜欢你的人，要更加相信那些真心认可你的人所说的话。

（3）笑看你的怀疑

当你陷入自我怀疑而不敢行动时，不妨把这种消极心态当成是心中的一个小丑，笑着对自己说："这个小坏蛋又出来捣蛋了。"学会用轻松愉快的积极情绪回应自我怀疑，这样才能轻装上阵，专注于执行。

（4）学会分析合理怀疑和无用的不安全感

有些怀疑是必要的反省，因为那代表你确实遇到了值得注意的问题。但冒充者综合征患者无法分清什么是合理的怀疑，什么是无用的不安全感。当对自己产生疑问时，你要同时对这个念头保持质疑精神。问问自己，这样的怀疑能否促使自己获得有价值的东西，或者促进自我提升。如果不能，那就是无用的不安全感，请把它果断丢掉。

（5）把注意力集中在团队身上

冒充者综合征患者的绝大部分精力都用在了评估自己的表现上。这必然会给你自己带来巨大的压力。其实你的团队成员并不太关心你从哪里来、有什么兴趣爱好、有没有令人惊艳的才艺绝活，他们真正关心的是你能否帮助他们取得成功。请把用于自我怀疑的精力都用到他们身上，好好跟他们一起并肩作战。

2. 让你重新振作的办法

如果以上方法还是没有让你完全重拾信心，可以在工作生活中尝试做出更多的改变。以下习惯可以帮助你在事业低谷期获得更多的精神动力。

◎跟别人谈谈你为什么喜欢这份工作，并问问他们最喜欢工作中的哪个瞬间。

◎问问你的团队成员选择这份工作的真实原因。

◎当你看到团队中有消极思维和消极行为时，私下跟做出这些事的员工聊聊，阻止负面情绪在团队中扩散。

◎成为一个坦率真诚的人，用更加透明的管理方式来避免团队沉溺于谣言和八卦之中。

◎在身边寻找一个努力尝试改善局面的人，与之保持密切交往。这个人可能是你平时没注意到的团队成员，也可能是团队之外的某个热爱生活、积极向上的平凡人。

◎努力把团队氛围打造成一个令人愉快的奋斗环境，让大家不再上班如上坟。

◎多为一些小小的胜利庆祝，为大家制造一个更加积极热情的工作氛围。

◎把事业低谷期遇到的阻碍视为成长必经的阶段，即使在最艰难的时期也要树立必胜的信念。

◎多一些欢笑，用健康的心态和幽默的谈吐对待工作和生活。

◎跟团队成员保持密切的沟通，深入讨论每个人的发展情况，了解他们的希望和梦想，关心他们在害怕什么、需要什么样的激励。

执行经验充电站

适当增加自己的工作强度

有些人有很强的能力和发展潜质，但有时候表现却不如水平和资质稍逊的同事。后者跟前者的最大区别就是拥有饱满的工作状态，能全力以赴地做事。前者则由于太保守和软弱，不敢在关键时刻挺身而出、力挽狂澜，难以创造令企业满意的成果。假如你觉得手头的工作太简单，可以轻而易举地完成，就有必要主动变革自己，适当增加自己的工作强度了。否则你会在低压力环境中越来越故步自封，无法挖掘自己的潜力，最终连原有的实力都保持不住。

后记
Postscript

提高执行力是管理工作中永恒的话题，更是不可回避的难题。随着智能技术的不断进步，机器人将在更多执行环节代替人类，但这反而促使人们进一步提高综合能力，进行深度思考和深度执行。

深度执行的本质是把人和事进行深度整合，让人的因素充分发挥潜能，把事做得更漂亮。打造深度执行力，光靠满腔热情是远远不够的。科学合理的方法与团队成员的激情好比是车之两轮、鸟之双翼，缺了其中一个就无法到达目的地。本书侧重介绍方法，但要真正取得效果，离不开你的团队成员的支持。他们有了激情和使命感、责任感，才会去尝试深度执行方法。

你要做的，不是照书驾车，而是从实践出发，一点一滴地改进执行细节。你要经常跟你的团队成员沟通，让他们树立深度执行的观念。让他们明白“深度执行”不只是一个好看而空泛的概念，而是能给他们带来更少的麻烦和更多的绩效的高效方法。只有设身处地地为你的团队成员着想，他们才会有动力去回报你的期待。

人不可能总是一帆风顺的，组织团队发展也难免遭遇波折。市场竞争的白热化，要求我们朝深度执行的方向不断发展。破茧之痛在所难免，锲而不舍方能大成。谁先完成这个自我革新，谁就将获得更强劲的核心竞争力，赢得市场竞争的主动权。这就是深度执行带给我们的最大福利。